Beltz Taschenbuch 185

W0083012

Über dieses Buch:

Wenn von der Krise der Schulen und der Bildung die Rede ist, dann klingen die Rezepte zur Abhilfe meistens mutlos: Man brauche bessere Lehrer, einheitliche Standards und wirksamere Kontrollen. Hartmut von Hentig hingegen argumentiert in diesem Manifest mutiger und bescheidener zugleich. Er bezweifelt, dass die Schule in der Mittelstufe überhaupt der geeignete Ort für Bildung, Lebenserfahrung und Erziehung ist. Sollte die Schulzeit in dieser Phase nicht unterbrochen werden, damit die Jugendlichen ganz andere, praktische Erfahrungen sammeln können – etwa die, wirklich gebraucht zu werden und sich zu bewähren? Und sollte der Schule dann nicht ein soziales Jahr für alle folgen? Die Jugendunruhen in Frankreich oder die Vorgänge an der Berliner Rütlischule haben schließlich gezeigt, was passieren kann, wenn sich eine ganze Generation überflüssig und unbeachtet fühlt. Und mit Aufrufen zu Disziplin und Unterwerfung wird in Wirklichkeit nichts erreicht.

Der Autor:

Hartmut von Hentig, 1925 in Posen geboren, Wissenschaftler, Lehrer, Publizist, Professor emeritus für Pädagogik an der Universität Bielefeld, war bis 1987 wissenschaftlicher Leiter der Laborschule und des Oberstufenkollegs des Landes Nordrhein-Westfalen. Im Beltz Verlag erschienen seine Bücher »Bildung« (1999), »Kreativität« (2000), »Ach, die Werte!« (2001), »Fahrten und Gefährten. Reiseberichte aus einem halben Jahrhundert« (2002), »Der technischen Zivilisation gewachsen bleiben« (2002), »Die Schule neu denken« (2003), »Warum muss ich zur Schule gehen?« (2004), »Wissenschaft. Eine Kritik.« (2005).

Bewährung

Von der nützlichen Erfahrung,
nützlich zu sein

Die Entschulung der Mittelstufe und
ein einjähriger Dienst für die Gemeinschaft

Ein pädagogisches Manifest im Jahre 2005
vorgelegt von

HARTMUT VON HENTIG

unter Beratung von
Gerold Becker, Hildegard Bussmann,
Erhard Eppler, Ludwig von Friedeburg,
Annemarie von der Groeben,
Wolfgang Harder, Ludwig Huber,
Cornelia von Ilsemann, Sten Nadolny
und Ingo Richter

Für Erhard Eppler

www.beltz.de

Beltz Taschenbuch 185
2007 Beltz Verlag, Weinheim und Basel

© 2006 Carl Hanser Verlag, München, Wien
Umschlaggestaltung: Federico Luci, Odenthal
Satz: Greiner und Reichel, Köln
Druck und Bindung: Druck Partner Rübelmann, Hemsbach
Printed in Germany

ISBN 978-3-407-22185-8

Übersicht über die Kapitel

1. Zwei praktische Vorhaben, in denen Bewährung an die Stelle von Belehrung tritt

Wenn Ergebnisse nationaler oder internationaler Vergleichsuntersuchungen im Schulwesen veröffentlicht werden, liest man in den Zeitungen Überschriften wie »Der Staat schuldet den Kindern eine bessere Bildung« oder »Wir holen auf« oder »Bildung nur für Reiche?«. Dass ein Viertel der Fünfzehnjährigen in Deutschland nicht ausreichend lesen und schreiben könne, stelle eine »gewaltige Belastung der Volkswirtschaft« dar und rüttele am »Selbstverständnis unserer Demokratie«. Die aufgezeigte, anhaltende, ja sich verschlimmernde »Chancenungleichheit« – das Wort wird jetzt wieder benutzt! – sei eine »Schande« für das Land.

Wenn in Frankreich Jugendliche und junge Männer aus den »Einwanderer-Ghettos« nachts durch die Straßen ziehen, Autos und Geschäfte, ja Schulen und Krankenhäuser anzünden und allenthalben Gewalt ausüben – nicht nur gegen die Staatsmacht, sondern gegen jedermann, der ihnen zu wehren sucht, auch gegen die eigenen Eltern, Schwestern, Ehefrauen –, fragen sich auch deutsche Bürger und Politiker, wie weit wohl die Entfremdung dieser Menschengruppe bei uns fortgeschritten ist: ihr Gefühl, aus der Gesellschaft ausgeschlossen zu sein, und die damit einhergehende erst Gleichgültigkeit, dann Enthemmung und schließlich Feindseligkeit gegenüber dem Gemeinwesen und allen Gütern, Ordnungen, Verheißungen, die es für »die anderen Bürger« bereithält, nicht aber für sie.

Wenn in einer Berliner Hauptschule die Lehrer entmutigt aufgeben, weil ihnen die Probleme über den Kopf wachsen – die Unregierbarkeit ihrer Schüler, die gewalttätigen Kämpfe zwischen Arabern und Türken und beider mit den wenigen verbliebenen Deutschen, der Ruf, eine »Terrorschule« zu sein, die deshalb keiner leiten will –, dann sind alle »betroffen«, dann eilen die Medien herbei und stellen schwierige Fragen, dann weisen die Verantwortlichen darauf hin, was sie alles schon getan haben – Sprachtests bei Schuleintritt eingeführt, ein »Quartiersmanagement« organisiert, Sozialarbeiter und Psychologen eingesetzt, die Schulen in einen ordentlichen Zustand gebracht – und fordern mehr Lehrer, bessere Ausstattung, die Zusammenlegung von Schulen. Sie haben und geben keine einzige *pädagogische* Antwort auf die Probleme. Nun, da die deutsche Öffentlichkeit nach Neukölln schaut, sind Maßnahmen zur Hand: Die Polizei zieht ein und nach einigen Stunden wieder ab, die Beseitigung der »Restschulen« kommt auf die Tagesordnung, das »Aufbrechen der monoethnischen Kieze« wird ins Auge gefasst, die Streichung von Sozialleistungen, wo diese Vierzehnjährigen »nicht spuren«, sogar die Abschiebung der Integrationsunwilligen schlägt ein Ministerpräsident vor. Wie die Respektlosigkeit und die Aggressionen der Schüler mit der Perspektivlosigkeit zusammenhängen, darüber denken jetzt viele nach; was die sinnlosen Prügeleien mit dem sinnlosen Unterricht zu tun haben, das fragen sich nur wenige. Nicht jedenfalls tut dies unsere Bildungspolitik. In Nordrhein-Westfalen steht ein neues Schulgesetz bevor, durch das eines »der modernsten und leistungsfähigsten Schulsysteme Europas« geschaffen werden soll: Die Schulen werden strengeren Qualitätskontrollen unterzogen, »Kopfnoten« in Arbeits- und Sozialverhalten eingeführt, »Ehrfurcht vor Gott« als Erziehungsziel ausgebracht und der »Leistungsgedanke« bei Schülern gestärkt. Wie? Das überlässt die Ministerin den Lehrern.

Über die Befunde zur mangelhaften Bildung und über die Bedrohung durch Arbeitslosigkeit, fehlende Perspektiven und die Abspaltung eines beträchtlichen Teils der jüngeren Generation vom seinerseits verunsicherten Mainstream der Gesellschaft ist man sich einig. Es könnten darum die nötigen Maßnahmen gegen die unnötigen Mängel einvernehmlich und mit der notwendigen Gründlichkeit vorgenommen werden: Die Pädagogen, die Sozialpsychologen und die Ökonomen sagen den Politikern, welche Bedingungen sie dafür brauchen, und die Politiker kommen dem mutig und weitblickend – in den Grenzen ihrer Verantwortung – nach.

So aber ist es nicht. Die Pädagogen fordern nicht die »nötigen« Maßnahmen, sondern die konsequentere Anwendung der gewohnten; die Sozialpsychologen und Sozialpädagogen sind vollauf mit der Verarbeitung der Folgen beschäftigt und haben in den letzten drei Jahrzehnten »gelernt«, dass ihre Präventionsmodelle als utopisch angesehen werden; die Ökonomen, die den Politikern sagen, wie man Gemeinschaftsaufgaben finanziert, die sich nicht hier und jetzt, sondern erst später und indirekt auszahlen, werden als rückfällige Keynesianer beschimpft und nicht gehört. »Integration« heißt bei »modernen« Ökonomen Integration in den Arbeitsmarkt, der in den Konsummarkt integriert ist, der wiederum der globalisierten Wirtschaft unterliegt.

Wenn wir nicht einen neuen Blick auf beides nehmen: auf das Lernen mit und ohne Schule, also »Bildung« weiter fassen, als das in den Studien der OECD (wohlgemerkt: einer »Organisation für *ökonomische* und kulturelle Entwicklung«!) geschieht, und auf die Beteiligung der jungen Generation an Aufgaben und Versprechungen der Gesellschaft, also ihr so etwas wie »Bewährung« in der Gemeinschaft ermöglichen, werden wir die hässlichen Nachrichten weiter hören müssen. Zu einem solchen Blick wollen die beiden in diesem Buch vorgestellten Vorhaben anhalten. In beiden werden den jungen Menschen Erfahrungen mit praktischen Aufgaben in der Gemeinschaft und für die Gemeinschaft ermöglicht:

Es wird erstens vorgeschlagen, die Mittelstufe der allgemeinbildenden Schulen (die Altersjahrgänge 13, 14 und 15) zu »entschulen«.

Es wird zweitens vorgeschlagen, jeden Bürger, jede Bürgerin unserer Republik ein Jahr lang zwischen der Beendigung der schulischen Ausbildung und dem Berufsantritt einen Dienst für das Gemeinwesen leisten zu lassen.

Beide Vorhaben werden einer zehnjährigen, auf ausgewählte Träger beschränkten Erprobung unterworfen, was durchaus zu dem Ergebnis führen kann, dass die erstrebten Verbesserungen so nicht, sondern nur ganz anders zu erreichen sind. Es wird an dieser Stelle nicht vorgeschrieben, wie die noch weiter darzulegenden Ziele erreicht werden, wohl aber werden Möglichkeiten der Verwirklichung vorgedacht, einige mit beträchtlicher Genauigkeit, andere unter Rückgriff auf Vorgänger oder anderwärtige Vorbilder, wiederum andere in hypothetischen Varianten.

Beide Vorhaben sollen und können in unseren gegenwärtigen Verhältnissen realisiert werden, wenn die Gesellschaft sie will. Sie wird sie möglicherweise erst wollen, wenn sie realisiert sind. Sie sind nicht die einzigen Vorhaben, die den Wandel voraussetzen, der durch sie erst bewirkt wird. Das spricht nicht gegen sie, es ist vielmehr ihr erklärter Auftrag, eine Entwicklung einzuleiten.

Beiden Vorhaben ist gemeinsam, dass an die Stelle von zufälliger oder administrativ begründeter oder auch pädagogisch erdachter Gemeinsamkeit eine von »der Sache« vorgegebene tritt, an die Stelle von verordnetem Pensum eine möglichst frei zu wählende Lerngelegenheit, an die Stelle von kollektiver Belehrung eine persönliche Bewährung in einem Lebenszusammenhang, an die Stelle von Leistungszwang eine Selbstverpflichtung, an die Stelle des abstrakten Gehorsams ein konkreter Vertrag mit der Gemeinschaft.

Dies sind die Gemeinsamkeiten der im folgenden getrennt dargestellten Vorhaben.

Dieser Darstellung schicke ich meine persönlichen Motive voraus. Wenn mein Leser diese nicht als Begründung des eigentlichen Doppelvorschlags missversteht, können sie ihm helfen zu erkennen, was die beiden Vorhaben verbindet; in ihnen löst sich der scheinbare Widerspruch zwischen der Unbedingtheit des in Anspruch genommenen

Prinzips und der Bescheidenheit auf, mit der ich ihm in der schmuddeligen Wirklichkeit Eingang und Geltung zu schaffen versuche. Er wird sich die Verbindung nicht wie ein Scharnier, sondern wie ein großes gemeinsames Dach vorstellen.

Die Aufzeichnung meiner Motive (Kap. 2) schuldete ich vor allem meinen Beratern (siehe Kap. 7) als den Teil dieser Publikation, der ihren Anregungen und Einsprüchen voraufging und somit entzogen war.

Dass Deutschland vor großen Herausforderungen stehe, haben wir vor der Neuwahl 2005 und danach während der Verhandlungen über die Bildung einer Koalitionsregierung immer wieder und von allen gehört. Es ging dabei nicht nur um die Sanierung des Staatshaushalts und die Belebung der Konjunktur zur Schaffung von mehr Arbeitsplätzen, es ging wesentlich um die Aufgaben des Gemeinwesens und das Verständnis, das wir von diesem haben. Es ging um das Vertrauen der Bürger in dessen Gestaltbarkeit: in die Politik. Es hieß vorher: Man müsse »den Menschen« wieder Zuversicht geben und das Gefühl, bei den notwendigen schmerzlichen »Reformen« gehe es gerecht zu. Es heißt hinterher: Der Wählerauftrag lasse die Erfüllung großer Visionen nicht zu; was das gegenwärtige Machtgefüge – das heißt die Koalition – gefährde, müsse aufgeschoben werden. Man hat sich dem Durchwursteln verschrieben, ein bisschen mehr Geld hier, ein bisschen weniger da, und dies immer in den alten Bahnen. – In dieser Schrift wird das bestritten. Mit einer Umverteilung der öffentlichen Mittel, mit Anreizen zum Wachstum, mit einer »Sicherung« des »Outputs« statt des

»Inputs« in Wissenschaft und Bildung, mit der Einrichtung neuer Warteschlangen, mit »Du-bist-Deutschland«-Zuspruch wird man die Apathie der Gesellschaft nicht überwinden, ihrer drohenden Spaltung nicht vorbeugen. Man braucht frühe ermutigende Erfahrung mit dem, was das Gemeinwesen ausmacht, Aufgaben, die dir und mir gestellt sind und deren Erfüllung befriedigt, einen Anstoß zum Verlassen ausgetretener Bahnen, auf denen weder Sinn noch Sicherheit zu finden sind. Diese Schrift stellt zwei Forderungen vor, die uns die Heraus-Forderungen anders sehen lassen.

Fragen: – Schule den drei Jahre aus dem Lernen raus
– Lernen weniger Schulstoff
– Wo sollen sie diese 3 Jahre hin?

2. Die Motive eines individualistischen Pädagogen, der ausdauernd an der Schwächung des Gemeinwesens leidet

In meinem 81. Lebensjahr stehend, an der Praxis der Pädagogik seit langem nicht mehr beteiligt, abgeneigt, weiter an der sich wandelnden oder wiederholenden bildungstheoretischen und bildungspolitischen Diskussion teilzunehmen, habe ich beschlossen, mich von dieser mit der Darstellung von zwei Aufgaben zu verabschieden, denen ich in meinem Berufsleben nicht gerecht geworden bin: der Entschulung des Lernens in den Pubertätsjahren (Altersstufen 13/14/15) und der Einführung eines allgemeinen Dienstjahres. Obwohl mir ihre Dringlichkeit und ihre Lösbarkeit seit Jahrzehnten bewusst sind und beide im Rahmen meiner Tätigkeit anfielen, habe ich sie nicht mit der notwendigen Hartnäckigkeit verfolgt, ja ihnen nicht einmal die gebührende öffentliche Aufmerksamkeit verschafft. Dies möchte ich nun nachholen.

Für eine solche »Selbstanzeige« kann ich Verständnis nur erhoffen, wenn ich mein Versäumnis erkläre, die in der Sache liegenden Schwierigkeiten und die Widerstände im Bewusstsein der Gesellschaft nenne, die sich ganz anderen Hoffnungen und Programmen hingibt. Es sind dieselben Tatbestände, die mich jetzt veranlassen, zwei so *begrenzte* Vorschläge zu machen; insofern gehören sie auch zu deren Darstellung. Ja, es ist mir beim Verfassen dieses Textes klar geworden, dass ich die beiden Vorhaben nicht ohne eine Wiedergabe *meiner* Sicht der »Verhältnisse« plausibel machen kann, in denen sie wirksam werden sollen. Die Verhältnisse wiederum bestehen nicht nur aus Sachverhalten, sondern aus deren impliziten und expliziten und vor allem ganz unterschiedlichen Bewertungen. Diesen muss ich die meinen offen gegenüber- oder zur Seite stellen.

Zu allen Zeiten haben die einzelnen Menschen das Leben gelebt, das ihre gemeinsamen Verhältnisse ihnen erlaubten. Die Geschichte der Zivilisation ist eine der fortschreitenden Erhöhung und Gleichverteilung des Einflusses, den man auf diese Verhältnisse nehmen konnte. Hordenführer, Eroberer, Raubritter, Inquisitoren, Feudalherren, ihre Statthalter, Schlotbarone, privilegierte Zunftgenossen sind dem *citoyen*, dem Wähler, dem organisierten Arbeitnehmer, dem Aktionär mit Stimmrecht, dem selbstbewussten Kunden, dem Sachkenner gewichen, die alle auf ihre Weise die Ordnungen der *civitas* nutzen und darum zu sichern trachten. Aber – man kann das die Dialektik der Zivilisation nennen – indem diese größer, komplexer, in »Ressorts« aufgeteilt, in festen Einrichtungen und alles überlagernden Mittelsystemen stabilisiert wird und die Menschen so ein hohes Maß an individueller Freiheit erreichen, lassen die Wahrnehmung der *civitas* und das Interesse an ihr nach. Die vollzogene individuelle Emanzipation verdrängt das Bewusstsein von der fortbestehenden Abhängigkeit aller von den Ordnungen und Leistungen des Gemeinwesens. Dieses ist abstrakt geworden; man muss es »denken«, man »erfährt« es nicht mehr – außer in seinen negativen Folgen. Die positiven schreibt man seiner eigenen Tüchtigkeit oder derjenigen seiner Gesinnungsgenossen zu. Die erfolgreiche Individualisierung, die die Hoffnung früherer Generationen war und die eine Segnung bleibt, trübt die Wahrnehmung der Leistungs-Schuld, die wir dem Gemeinwesen gegenüber haben. Wir glauben, sie sei durch den Gang zur Wahlurne (wodurch die Sorge für das Gemeinwohl auf *professionals* abgeschoben wird) und durch widerwillig gezahlte Steuern (die zurückgezahlt oder erlassen zu bekommen als das Maß für die Beurteilung unserer Gemeinwohlverwalter gilt) abgegolten.

Und doch gibt es dieses Gemeinwesen. Es funktioniert bei uns weiterhin in einem bewundernswerten Maß gut. Es wird nur nicht erlebt, und es wird darum nicht gegen gefährliche oder schon schädliche Entwicklungen verteidigt. Für die sechs größten Bedrohungen der erreichten Zivilität halte ich

– die Entsolidarisierung der Reichen von den Armen;

– das Entgleiten der Verfügung des Menschen über die Mittelsysteme, also über die sich verselbständige Ökonomie, die nicht mehr dienstbare Technik, den buchstäblich besinnungslosen, jedenfalls subjektlosen Fortschritt, das Wuchern von virtuellen Ersatzwelten, in denen die Erfahrung und das Bedürfnis nach gemeinsamer Wirklichkeit verkümmert;

– die Abkoppelung von der Aufklärung, der wir unsere wichtigsten Regulierungsmittel verdanken: unsere Verständigungsmöglichkeiten, unsere Selbstkorrektur, das Rechenschaftgeben-Müssen und -Können, die Hemmung, die entsteht, wenn »ich mich in dir erkenne«, so dass ich das Töten, Quälen und Demütigen anderer unterlasse;

- die Schwächung des Staates bei anhaltender Aufblähung seiner Ausgaben, stetiger Steigerung der an ihn gerichteten Erwartungen und zunehmender Zentralisierung der Maßgaben und Kontrollen (Fahndungssysteme, Europa-Normen, Leistungsstandards);
- die Banalisierung der Demokratie zu »Jeder hat doch mitreden, mitpfeifen, mitwählen können«, die kunstvoll hergestellte Illusion der Beteiligung an den Entscheidungen der *polis*, die man nicht als solche, sondern nur als Abstimmung über vorher ausgehandelte Themen und Beschlüsse erfahren hat;
- den fortgesetzten Raubbau an den gemeinsamen Ressourcen, eben weil man sie nicht als gemeinsame erkennt.

Ich wünsche aufgrund dieser Einschätzung, dass junge Menschen erfahren, was eine Gemeinschaft ist, was sie gibt und fordert – eine größere als die Familie, in die sie hineingeboren sind, und eine weniger künstliche und zufällige als die Schulklasse, in die man sie hineinverwaltet hat; sie sollten eine Gelegenheit haben, als ganze Person die verfasste Gemeinschaft, in und von der sie leben, wahrzunehmen; dieses Erlebnis sollte so sein, dass sie vieles von dem, was sie lernen, für die Aufrechterhaltung dieser Gemeinschaft einzusetzen bereit sind, ja dass sie es zu einem großen Teil um ihretwillen – um ihrer Fortsetzung und Vervollkommnung willen – lernen.

Ich erlebe, dass sie, statt zu Bürgern und Mitmenschen heranzuwachsen, zu Funktionen eines Systems werden – erst der Schule, dann des Erwerbslebens –, das ihnen gleichgültig ist, solange sie darin ihr Fortkommen und ihre Sicherheit haben, und das sie schmähen und bekämpfen, wenn dies nicht mehr der Fall ist.

Ich schlage zwei Abhilfen vor, die im Jugendalter ansetzen, obwohl der Mangel an Gemeinsinn auf allen Altersstufen auftritt und schädlich ist. Das tue ich nicht etwa, weil ich »Pädagoge« bin, sondern weil sich in diesem frühen Lebensabschnitt etwas bewirken lässt, was in den vielfältigen Bindungen des Erwachsenenlebens nur selten gelingt: ein soziales, ja, ein Lebens-Experiment. Wer einen Beruf oder eine Familie hat, könnte realistischere Erfahrungen mit der größeren Gemeinschaft machen, aber die Rücksichten, die er nehmen muss, die Verpflichtungen, die er eingegangen ist, hindern ihn. Er bleibt auf seiner Bahn.

Ich habe – um nicht wieder in der Schulküche zu landen, die ihrerseits eine Fortsetzung der Puppenküche ist – meine beiden Vorschläge mit rigoros, wenn nicht radikal anmutenden Zielvorstellungen ausgestattet. Beide habe ich außerhalb der gegebenen Institutionen verortet. Das hat sowohl symbolische wie praktische Bedeutung. Es geht nicht um etwas »Verändertes«, sondern um etwas »anderes«. Dies erschwert die Verwirklichung, erleichtert aber das Erkennen der Idee.

Ich bin gleichwohl kein »Idealist«, dem die Verwirklichung »egal« ist. Im Gegenteil: Indem ich der Idee harte Konturen gebe, kann ich die unterschiedlichsten Annäherungen an sie zulassen. Innerhalb eines großen Zeitraums sollen viele Schulen, Gemeinden, Betriebe, Behörden, Vereine ihre jeweiligen Vorstellungen und Möglichkeiten erproben. Wenn man die Idee verstanden hat und sie bejaht, wird man Antworten auf die meisten Einwände finden, die sich angesichts eines ersten Entwurfs stellen – und vollends angesichts eines ausgetüftelten, sich als schüttelfest darstellenden Planes.

Ich bin kein »Schulentwickler« und habe auch kein entsprechendes Institut bemüht. Ich weiß auch ohne ein solches, wie viel geplant, organisiert, rechtlich und finanziell gedeckt, von den Betroffenen geprüft und bejaht werden muss; ich weiß, wie viel Widerstand das Ungewohnte und zunächst auch Unbequeme auslöst; ich kann mir ausmalen, welche Bedenken aufkommen werden. Diese Vorlage will anregen und überzeugen – sie ist keine Durchführungsverordnung.

Ich habe mir mit der Implementierung gleichwohl Mühe gegeben und habe ja, um einigermaßen gewappnet zu sein, die auf dem Titelblatt genannten Freunde zu Rate gezogen. Das Ganze bleibt einem Prinzip (nicht nur) meiner Pädagogik verpflichtet: *trial and error* haben das gleiche Gewicht wie das klar Vorgedachte. In der Pädagogik nur zuzulassen, was generalstabsmäßig gesichert ist, hieße mit noch so vielen Maßnahmen nichts verändern. Die Pädagogik ist nach John Deweys zugespitzter Überzeugung das Laboratorium der Gesellschaft. Eine Gesellschaft, die glaubt, sie könne sich begründete, aber »ergebnisoffene« Versuche nicht leisten, ist selbst nicht frei – sie versagt sich »das Offenhalten der Zukunft«, das Margaret Mead als die Funktion des Generationenwechsels beschreibt. Ich werde in Kapitel 5 ausführlicher darauf eingehen.

Ich sehe vorher, dass die gewünschte »Erfahrung mit der Gemeinschaft«, das Einfordern von »Pflichten gegen das Gemeinwesen«, die Berufung auf dessen heilsame »Ordnungen« mich in die Nähe brauner Ideologie bringen – und vollends wird dies die Tatsache tun, dass die Wörter »Technik« und »Fortschritt« in der Liste der Gefahren für unsere Zivilität auftauchen. Ich bitte genau zu lesen: Mein Einstehen für die Ersteren hat ihren ausdrücklichen Grund in ihrer fast unrettbaren Schwäche. Es macht einen Unterschied, ob man etwas vor dem Untergang rettet oder ob man es inthronisiert. Mein Vorbehalt hinsichtlich der Letzteren gilt nicht der Technik und dem Fortschritt selbst – ein solcher wäre sehr töricht –, sondern ihrer Führungslosigkeit. Es ist die Aufgabe und Tugend der Technik, dass sie unseren Zwecken *dient*; es ist nur das mit Recht Fortschritt zu nennen, was uns einem benannten und begründeten Ziel näher bringt, nicht hingegen alles, was uns das Nachdenken, eine Bewegung, einen Aufenthalt, eine »Leerzeit« erspart.

3. Das Lernen der 13- bis 15-Jährigen, das »entschult« mehr bringt

(a) Das Konzept

Vorgeschlagen wird in diesem Manifest ein zehnjähriger Versuch in einer mittleren kreisfreien Großstadt – etwa Nürnberg oder Freiburg oder Essen oder Rostock – und in einem Landkreis. (Es kann sich als notwendig erweisen, zwei benachbarte Landkreise statt des einen an dem Versuch zu beteiligen.)

Die Länder, in denen die Stadt und/oder der Kreis liegen, übernehmen 50 Prozent der Kosten, die Schulträger 25 Prozent, die am Versuch beteiligten Betriebe oder Einrichtungen und Stiftungen die restlichen 25 Prozent. Das nötige Geld muss in den einzelnen Haushalten für die ersten fünf Jahre gesichert sein und ein Jahr vor Ablauf des vierten Jahres jeweils um drei weitere Jahre im Voraus – bis zum Versuchsende. Es sollte dem Bund nicht verwehrt sein, zu dem Versuch finanziell beizutragen. Ein Einfluss darauf ist ihm versagt.

Die zusätzlichen Versuchskosten sollten 20 Prozent der normalen Kosten für die Jahrgänge 7, 8 und 9 nicht überschreiten.

Von diesen drei Jahrgängen sind jeweils nur zwei als »entschulte Mittelstufe« in den Versuch einzubeziehen, vornehmlich die Jahrgänge 7 und 8, als Variable die Jahrgänge 8 und 9.

Innerhalb der Stadt oder des Landkreises, die den Versuch mittragen, sollen möglichst alle Schularten an dem Versuch beteiligt sein: Hauptschulen, Realschulen, Gymnasien und Gesamtschulen.

Welche Stadt und welcher Landkreis mit dem Versuch betraut werden, wird durch eine Ausschreibung ermittelt. Die Ausschreibung liegt in der Hand eines zu diesem Zweck zu gründenden Vereins, alternativ dazu: einer hierfür zu gewinnenden Pädagogischen Fakultät oder Pädagogischen Hochschule. Die Ausschreibung ruft Auskünfte über die folgenden Voraussetzungen und Vorstellungen ab:

– die Zahl, Art und Größe der beteiligten Schulen
– die beteiligten Jahrgänge (7 + 8 oder 8 + 9)
– die vorhandenen oder ausbaufähigen Unterkünfte außerhalb der Schule
– die Erfahrungen, die die Schüler im Laufe der zwei Jahre für den Zweck machen sollen – unter Nennung der dafür vorgesehenen und gegebenen Gelegenheiten und der jahreszeitlichen Verteilung
  (hier folgen dreiundzwanzig willkürlich ausgewählte mögliche Einträge in alphabetischer Ordnung)
  • archäologische Untersuchungen in der Region
  • bildende Künste/möglichst mit einem Auftrag verbunden
  • botanisieren/Anlage von naturwissenschaftlichen Sammlungen
  • Computer- und Internet-Nutzung
  • Denkmalspflege
  • Einsatz in handwerklichen Betrieben

- Einsatz in humanitären Einrichtungen/Kinder-
  gärten/Altersheimen/Zuwanderer- oder Asylanten-
  unterkünften (die Sammlung von Dingen, die für
  die dort lebenden Kinder nützlich sind, die Einladung dieser Kinder zum Mitspielen in einer Band
  oder einem Theaterstück oder auf dem gemeinsamen Bolzplatz, ein Fund-Raising-Basar)
- Einsatz in der Landwirtschaft und in städtischen
  Anlagen/eine Patenschaft über ein Stück Land oder
  einen öffentlichen Park/die Umwandlung einer Bra-
  che in eine ökologische Gärtnerei
- Erste Hilfe
- fremde Kulturen, Sprachen im Umgang mit Aus-
  ländern oder auf Reisen in benachbartes Ausland,
  Besuch fremder Gotteshäuser und Gemeinden
- Fußwanderungen/Radfahrten/Ruderfahrten
- Herstellung und Verkauf einer Zeitung/Berichte
  aus der Sicht von Jugendlichen
- Kochen/Gastlichkeit/eine Schülergaststätte
- Körpererfahrung verschiedenster Art/Haltungs-
  training/Diätetik/Sprechtraining
- Kotenbau (Kote = Stangenzelt der Lappen) und
  Lagerleben/Selbstversorgung
- die Renovierung ihres Schulgebäudes
- Musik: Chor/Orchester/Instrumente
- Sportarten: von Judo und Karate bis Federball
  und Squash, von Reiten und Schwimmen bis
  Segelfliegen und Schach
- Theater/Herstellung eines großen Films
- Tierpflege

- Überleben in der Natur/im Wald
- Umwandlung eines aufgelassenen Gebäudes oder Geländes
- Zirkus/Akrobatik

(hierbei wird es nicht auf die Fülle, sondern auf die Ausgewogenheit und Passung der geplanten Erfahrungsmöglichkeiten und auf die gedachte Abfolge ankommen, vor allem aber auf die Aussicht auf ein bestimmtes Mindestmaß an kundiger Anleitung und ein Höchstmaß an verantwortbarer Selbständigkeit);

– die Zustimmung der Eltern und Schüler
– die Zusagen der beteiligten Betriebe und Einrichtungen
– ein Zeitplan, der die in dieser Stadt, in diesem Landkreis möglichen und gewünschten Entwicklungsschritte des Versuchs darlegt. Vorstellbar sind folgende Vorstufen/Vorübungen:

- Als sehr bescheidener erster Schritt können alle Schüler dieses Schulbezirks zwischen 8 und 18 (also über die Versuchsgruppe hinaus) 14 Tage »in der Natur« leben, in geeignetem, aber nicht zu großem Abstand davon 14 Tage »in der Industrie- und Produktionsgesellschaft« und weitere 14 Tage »in der Verwaltungs- und Dienstleistungsgesellschaft« mitarbeiten – ohne Schule;
- in einem weiteren Schritt können die Sommerferien auf drei oder dreieinhalb Monate (von Juni bis September) erweitert werden, von denen die Familie zwei Wochen bekommt; diese kann sie, wie die zwei Wochen Osterferien und die zwei Wochen Weih-

nachtsferien nach Belieben nutzen; in den »großen«
Sommermonaten gehen die Jugendlichen in Lager,
machen Fahrten, stellen sich in den Dienst einer bestimmten humanitären Einrichtung – hier möglichst
gemeinsam;

- im zweiten Jahr können die Erfahrungsmöglichkeiten
ausgedehnt, die dazu nötigen Beziehungen geknüpft,
die Unterkünfte ausgebaut, die geeigneten Betreuer
ausgewählt und eingestellt werden;
- eine nützliche Vorbereitung auf und gänzlich andere
Annäherung an die »Entschulung« einer bestimmten
Schulstufe könnte in einem in der Stadt Bielefeld
anlaufenden Versuch gesehen werden, die Bürger der
Stadt zu Partnern der Schülerinnen und Schüler zu
machen: Sie beteiligen sich an der Schularbeit, indem
sie für Hausaufgaben-Betreuung, für Erklärung und
Übung von Schulgegenständen zur Verfügung stehen – sie geben Zeit, Rat, Hilfe, hören zu. Umgekehrt beteiligen sie Schülerinnen und Schüler an dem,
was sie selber tun: an Imkerei oder an ihrer Jazzband,
an ihrem Museumsgang oder am Sterngucken, an
elektronischer Bastelarbeit oder an Philosophie. Die
Bielefelder Bürgerinitiative nennt sich TABULA und
will mit dem lateinischen Wort für Tafel ausdrücken:
An diesem »gedeckten Tisch« könnt ihr mitessen;
an dieser »Schultafel« außerhalb der Schule lässt sich
in Ruhe manches vielleicht besser erklären als innerhalb. TABULA »entschult« das Lernen auf diese
Weise und erlaubt, Leben und Schule, die Tätigkeiten von Erwachsenen und Interessen von Jugend-

lichen zwanglos und vielfältig miteinander zu verbinden;

- denkbar und wünschbar, aber eher unwahrscheinlich ist auch, dass eine Schulgemeinde von vornherein eine Lösung findet, die dem Gedanken der Entschulung gänzlich entspricht (eine solche Lösung wird im Anschluss an diese Aufzählung imaginiert; sie wird als Variante E – gemeintes Endstadium – bezeichnet);
- etc., das heißt: es soll hier der gedachten Ausschreibung nicht vorgegriffen werden und schon gar nicht den Möglichkeiten und der Fantasie der Städte, der Landkreise und ihrer Schulen;
- vorläufige und begründete Vorstellungen von den einzelnen zusätzlichen Kosten, die der Versuch verursacht – möglichst erfüllbare, aber auch solche, die nur wünschenswert sind.

Die aufgezählten Möglichkeiten (mit Ausnahme der Variante E) sind, auch wo sie nicht ausdrücklich als »Vorstufen« bezeichnet werden, in der Regel nicht abgelöst von der Schule vorstellbar, nicht immer im vollständigen Klassenverband, nicht überall auf die Dauer von zwei Jahren. Die Schulgemeinde wird zunächst schon Mühe haben, überhaupt Lerngelegenheiten jährlich für 60 bis 300 Schüler und Schülerinnen zu finden, die diese an eine Sache binden und für sie lehrreich sind; man muss sie in eine verständige Reihenfolge bringen; man wird kleinere Gruppen bilden müssen und zugleich darauf achten, dass sie nicht zu klein werden. Alle diese Möglichkeiten seien »Varianten A« (Anfangs- oder Ausgangsvarianten) genannt. Sie werden die überwiegende Mehrheit ausmachen, ja, auch über die zehn Versuchsjahre hinweg in der Mehrheit bleiben. Gleichwohl ist es klug, ihnen die Variante E zur Seite zu stellen – als Maßstab und Ansporn. Variante E sagt deutlich, was mit den Varianten A gemeint ist: Die Schüler bleiben zusammen; sie verlassen gemeinsam sowohl die Schule als auch das Elternhaus (wie sie es bei einem Landschulheimaufenthalt ja auch tun); sie erfüllen in der gesamten Zeit eine große, vielfältige, sich selbst fortzeugende Aufgabe: Sie bauen einen alten Kotten aus (ein Makarenko-Projekt, s. u. S. 39 f.), der der Schule fortan zur Verfügung steht, oder sie studieren einen »fremden« Stadtteil (ein Dennison-Projekt, s. u. S. 40), oder sie drehen einen Film (ein Simon-Rattle-Projekt), oder sie gehen gemeinsam auf große Fahrt (ein High-Seas-Projekt, s. u. S. 38). Das Maß von zwei Jahren ist durch die Dauer der Pubertät vorgegeben. Es könnte sich erweisen, dass diese sich durch die Abenteuer der entschulten Schule abkürzen lässt – oder dass die Heftigkeit ihrer heikelsten Manifestationen schon früher abklingt. Solange man darüber keine Erfahrungen hat, sollte der genannte Zeitraum für den Versuch vorgehalten werden.

Am Beispiel »Ausbau eines Kotten« (eines Bauernhauses) sei die vorgestellte Lerngelegenheit skizzenhaft verdeutlicht: Im Umkreis von 15 bis 20 Kilometer macht die Schule an einem sanften Hang ein einsames aufgelassenes kleines Gehöft aus; das Dach ist noch teilweise dicht; es gibt eine Feuerstätte, ausreichend Wasser aus einem Quellrinnsal, zwei Plumpsklos, ein halbwegs nutzbares Nebengebäude und kein elektrisches Licht. Ringsum Wiese und Wald und einige verwilderte Obstbäume. Ein junger Zimmermann, der auch in anderen praktischen Dingen erfahren ist und Kinder mag, begleitet die 25 Schüler zählende Klasse und ihre drei Lehrer/Lehrerinnen dorthin. Man nimmt provisorisch Quartier in den zwei ausgeräumten und gereinigten regendichten Räumen – mit Isomatten, Schlafsäcken und, so es das gibt, etwas Stroh, das im Dachspeicher zurückgeblieben ist; die Jahreszeit erlaubt dies. Man prüft den Zustand des Gebäudes; man erkundet das Gelände; man macht Arbeits-, Bedarfs- und Zeitpläne; man stellt Regeln auf: bis das Klo erweitert ist (erste Priorität), verhält man sich so …; bis das Quellwasser kanalisiert und in einem Reservoir thesauriert ist (zweite Priorität), verhält man sich so …; Feuerschutz (dritte Priorität) sichert man so … Weitere Schritte: den Herd benutzbar machen, den Dachstuhl, die Türen, die Fenster in Ordnung bringen, im Hauptraum einen neuen Fußboden legen, eine vorläufige Duschmöglichkeit einrichten, notwendige Maurer- und Malerarbeiten vornehmen. Einen Werkzeug- und Geräteraum einrichten. Die Selbstversorgung organisieren: zunächst noch mit Hilfe des Mitgebrachten oder auch aus elterlichem Nachschub – und dann? Planen, prüfen, Pannen beheben. Weiter: Zuständigkeiten einteilen – für Lampendienst, den anzulegenden Garten, die Obsternte, die Schaffung eines Holzvorrats. Nicht zuletzt: ein Budget aufstellen, über seine Verwendung streiten, rechnen und nochmals rechnen, Bettelbriefe schreiben, Vereinbarungen mit den neuen Nachbarn treffen. Fortschritt von Monat zu Monat. Nach

Lehrer wohnt dort zus. mit den Schülern

eineinhalb Jahren wird die Nachfolger-Klasse eingeladen, der alles viel zu »primitiv« ist und die gleich anfängt, ihre eigenen Pläne zu machen, über eine Solaranlage nachzudenken, über eine TV-Antenne, über einen Fußballplatz unten auf der Ebene, wozu Verhandlungen mit dem örtlichen Gemeinderat geführt werden müssen …

Ein schier endloses Projekt mit einem schier endlosen Lern- und Übungspensum, mit alltäglicher »Bewährung« in der Gemeinschaft und für sie.

Jeder Tag beginnt in beiden Varianten A und E mit einem eineinhalbstündigen »Unterricht«, der in zwei oder drei Einheiten aufgeteilt werden kann. In ihm sollen die Kenntnisse und Fertigkeiten der formalen Schulfächer in sportlicher Form »wachgehalten« werden: durch englische und französische Konversation zu den Tagesthemen der Schülerinnen und Schüler, mit Vokabel-Wettbewerb, mit dem Singen von Liedern. Auch *latine colloquuntur* – sie versuchen spielerisch mit dem Latein, das sie bisher nur »gelernt« haben, auch *viva voce* »umzugehen«. In Mathematik wiederholen die Schüler an *tricky problems* die meist schlecht beherrschten Elemente der Algebra und Geometrie – nirgends zügig vorangehend, aber sich erstaunt vergegenwärtigend, was sie doch alles können, und es so weiter festigend. Wer freiwillig etwas lernen und leisten will, wird dazu ermuntert und dabei unterstützt, beispielsweise: deutsche Kinderlieder für seine kleine Schwester in eine Fremdsprache übersetzen (Little Joan went alone …) oder Bilder aus der Zeitung mit *courageous captions* versehen: eines von der Laokoon-Statue mit »Man trying to dry his back with a snake«, die glasumhüllte

29

CDU-Geschäftsstelle in Berlin mit »Attention fragile!«, die Olympischen Ringe mit »Circuli virtuosi«. Die Lateiner bekommen täglich eine Seite aus den Iocosa Latina oder der Bulla Bella geboten (Et prodesse volunt et delectare poetae/Die Dichter wollen Brot essen und Milch trinken) oder sie schreibunt einandris Briefos Endungibus latinis benuzentes. Ogden Nash und andere Nonsense-Dichter vergnügen die schon gut geübten »Engländer«, Babars Leben und Abenteuer die noch nicht so weit fortgeschrittenen »Franzosen«. Die Devise des Morgenexerzitiums lautet: sich erinnern, nicht vergessen, Spaß an der Sache haben.

Die »Entschulung« der Mittelstufe darf nicht als »Ent-Intellektualisierung«, gar als Affekt gegen unsere von Wissenschaft und Theorie angeleitete Zivilisation missdeutet werden. Auch müssen alle Beteiligten im Auge behalten, dass es Kinder gibt, die die gedankliche Ordnung brauchen, die also nicht mit wortlosen Tätigkeiten abgespeist werden können. Aber gerade sie sollten sich der Erfahrung der Hand-Arbeit nicht die ganze zwölf- bis dreizehnjährige Schulzeit hindurch entziehen dürfen.

Das hier vorgeschlagene Vorhaben ist noch mehr als die Schule genötigt, auf die Möglichkeiten, Bedürfnisse, Gaben des Einzelnen zu achten. Die Verführung, alle über den Kamm der praktischen Erfahrung zu scheren, ist groß – und vermeidbar!

Die wichtigste Voraussetzung für den Erfolg des Experiments ist die Freiwilligkeit aller Teilnehmenden. Dies gilt vor allem für die Erwachsenen, die die Jugendlichen begleiten. Ihre Einstellung zu den Jugendlichen und zum Prinzip des entschulten Lernens dürfte das entscheidende pädagogische Element des Versuchs sein. So wenig wie Eltern oder die Betreuer in Internaten können sie sich auf bestimmte Pflichtstunden und sachliche Zuständigkeiten beschränken. Ihr »Beruf« innerhalb der Versuchsperiode ist es, ein Erwachsener zu sein, der mit Zuwendung, Geduld, Festigkeit, Improvisationsgabe, Lebenserfahrung und Fantasie für das gegenwärtige Leben einsteht. Das werden sie mit der nötigen Ausdauer und Freundlichkeit nur können, wenn sie eine ursprüngliche Freude am Zusammenleben mit jungen Menschen mitbringen, vor allem an deren zunächst unordentlicher Verselbständigung. Dieser müssen sie mit glaubwürdigen Forderungen gegenübertreten, mit starken Erlebnissen, die man in unserer Fertigwaren-Welt nicht leicht beschaffen kann: Natur statt Kunstgebilde, Gemeinschaft statt Konsumkollektiv, Gespräch statt *chatten*, Selbermachen statt Bestellung nach Neckermann-Katalog, Respekt vor den Gefühlen anderer statt Anmache. Die Betreuerinnen und Betreuer müssen über einige elementare praktische Fertigkeiten verfügen, wird doch, vor allem am Anfang, eine der wichtigsten Tätigkeiten der einzelnen Gemeinschaft die Gestaltung ihrer gemeinsamen Unterkunft sein. (In der Behelfsmäßigkeit, der Wandelbarkeit und Unfertigkeit derselben wird ein Teil der pubertären Ausschläge abgefedert.) Darüber hinaus müssen sie Geschichten erzählen können oder vorlesen, mit den Jugendlichen musizieren, (Gesellschafts-) Spiele und Theater spielen, Sport treiben, Feste feiern. Sie müssen *les choses* (Rousseau) ernst nehmen, nicht nur *les mots* (Sartre). Es werden darum die Betreuer oder Betreuerinnen nicht immer aus der angestammten Lehrerschaft gewonnen werden können. Mit anderen Worten: Die Entschulung des Lernens beginnt mit der des Lehrens.

Eine »wissenschaftliche Begleitforschung« ist von vornherein tätig und sollte wegen des öffentlichen Interesses am Gegenstand von einem der zahlreichen erziehungswissenschaftlichen Institute übernommen werden, ohne dass Kosten entstehen: Dies ist nicht Auftragsforschung, sondern pädagogische Grundlagenforschung, für die sie da sind. Der wichtigste Ertrag dieser Forschung wird die Beobachtung der einzelnen Verläufe und deren geeignete Aufzeichnung sein. Der Vergleich unterschiedlicher Gruppen und Tätigkeiten darf nicht zu kompliziert werden, weshalb es zunächst gar nicht wünschenswert ist, dass mehr als zwanzig Schulen insgesamt an dem Versuch teilnehmen. Ob die entschulte Mittelstufe – und in welcher Form – über die beteiligten Schulen hinaus ausgedehnt wird, entscheiden die Landesregierung und die Schulträger, sie sollten aber dazu unbedingt den Abschlussbericht der Forschergruppe abwarten.

(b) Begründungen

Schön ist das Wort »Entschulung« nicht. Einige meiner Berater fanden es »ausschließlich negativ« und darum ungeeignet. Es müsse, hieß es, auf Schul-Leute kränkend wirken: Wie bei der Entlausung oder Entfleckung werde der Eindruck erweckt, es gehe um die Beseitigung eines Übels, das die Schule doch nicht sei. Die Verneinung, die »Entschulung« ausdrückt, ist unbestreitbar, aber sie wird begrüßenswert, wenn man sie als Aufhebung von »Verschulung« versteht. Eine »verschulte Schule« ist eine verdorbene Schule. Es kommt darauf an, ihr *diesen* Makel zu nehmen.

Das Wort »Entschulung« habe ich zum ersten Mal von Ivan Illich, einem unbekümmerten Wortbildner, gehört, und zwar in Verbindung mit »Gesellschaft«. Diese sei nacheinander verkirchlicht, verrechtlicht und schließlich verschult worden. Die noch nicht verschulten Regionen der Welt wollte er vor den Dummheiten, Eitelkeiten, Barbareien der Schule genannten »Abrichtung für den Zweck« bewahren. Seine Alternative dazu habe ich geprüft und jedenfalls für uns als untauglich befunden. Ich hielt seiner politischen Forderung meine pädagogische entgegen: Da unsere europäisch-amerikanischen, in der technischen Zivilisation weit fortgeschrittenen Gesellschaften auf systematisches Lernen angewiesen seien, laute unsere Aufgabe »die Entschulung der Schule«. Dieses Wort hat also eine (über vierzigjährige) Geschichte, die ich nicht abstreifen, sondern vielmehr wieder bewusst machen will. – Mein heutiges Vorhaben ist vorsichtiger und konsequenter zugleich: Es beschränkt sich auf eine bestimmte Phase des Lernens und Heranwachsens; die aber soll einem gründlich anderen Programm folgen als die voraufgehende und nachfolgende Schule, einem Kontrast-Programm.

Die wohlmeinende Konzentration des veranstalteten (»intentionalen«) Lernens auf die Schule hat zu deren zeitlicher und sachlicher Ausdehnung geführt und ist ihr zum Fluch geworden. Die Schule verdankt ihre Bedeutung, Wirksamkeit und schließlich Macht der Rationalisierung und Ökonomisierung ihrer Tätigkeiten und Anlagen; sie hat sie auf – in dieser Anstalt erreichbare – Zwecke ausgerichtet und verwaltbar gemacht; was sich dem widersetzte, wurde erst vernachlässigt, dann ausgeschlossen oder den eigenen Möglichkeiten anverwandelt – das Spiel, das Gespräch, *trial and error*, das Bewegungsbedürfnis, das Erleben großer, nicht auf Schulformat verkleinerbarer Phänomene – und verlor dadurch seine Bedeutung im Prozess des Aufwachsens. Aus Neugier-und-Mitteilung wurde der »fragend-entwickelnde Unterricht«; Laufen und Raufen hat man in die zweimal wöchentlich abgehaltene »Turnstunde« mit Bockspringen und Mannschaftskämpfen kanalisiert; der Bewährungsdrang musste in Eifer um gute Noten verwandelt werden; aus sich natürlich bildenden gemischten Gemeinschaften sind Kollektive gleichaltriger, nach Schulleistung vorsortierter Mitschüler in genormten Klassenräumen und also auch in genormter Zahl geworden. Für Politik ist kein Bedarf und keine Gelegenheit; der Natur begegnet man als geordnetem Wissen über die Natur, der Arbeit als Arbeitslehre, Hausaufgaben und Klassenarbeiten (und wenn physisch, dann an einer sinnlosen Sprossenwand); Abenteuer bleiben dem Schulhof, dem Heimweg auf dem Moped, dem Mogeln während der Klassenarbeit, einer Schulwanderung im Sommer und einer im Winter vorbehalten.

In dieser »Zähmung« steckt viel Klugheit und Erfahrung, aber auch viel Angst davor, die Kontrolle zu verlieren, eine Verselbständigung der Mittel und Institutionen, eine allmähliche Blindheit für die Opfer, die man bringt, ein Verlust an pädagogischen Chancen. Dies wird den Pädagogen – den Eltern und Lehrern – zunehmend be-

wusst. Genauer: Die Kinder machen es ihnen bewusst. Sie entziehen sich den Ordnungen und Maßnahmen, indem sie innerlich »wegdriften« (die Wissenschaft nennt das Aufmerksamkeits-Defizit-Syndrom) oder indem sie sich durch Zappeln, Streiten, »Ausrasten« widersetzen (Aufmerksamkeits-Defizit-durch-Hyperkinese).

Ein Teil dieser Erscheinungen ist durch die altbekannte »Reizüberflutung« und neuerlich durch gesteigerte Anforderungen an die Geschwindigkeit der sinnlichen Wahrnehmung und Reaktion bei Werbespots und Filmen im Fernsehen oder im Computerspiel verursacht; ein weiterer beträchtlicher (weniger erforschter) Teil kommt aus der Lebensunsicherheit der Erwachsenen, die sich auf die Kinder überträgt; der Hauptschuldige am Nachlassen der Bindekräfte schulischer Veranstaltungen ist jedoch ihre älteste Schwäche: ihre Unfähigkeit, die Gegenstände des Lernens mit dem Leben – den Freuden und Nöten – der Kinder zu verbinden. Voll Lernbegier kommen sie in die Schule; über etliche Jahre hin ist das, was die Schule bietet, so anders als das, was sie »draußen« erleben, dass es neunzig Prozent von ihnen voll beschäftigt und befriedigt. Dann erstickt die Langweile, die es auch vorher gab, ihre Lernfreude allmählich. In der Pubertät vollends verbindet sich der Überdruss an der zu keinem Ende führenden Belehrung mit dem Drang zu physischer Emanzipation: Die jungen Menschen lehnen die fürsorgliche Behandlung ab und suchen die Selbsterfahrung – eine Bewährung in eigenen Gemeinschaften, nach eigenem Maßstab, mit eigenem Risiko.

Die Schulen (und die über ihnen wachenden Eltern) ha-

ben daraus gelernt. Es gibt seit langem Unterrichts- und
Umgangsformen, die man als Annäherung an die hier er-
strebte Entschulung ansehen kann. Unter Rückgriff auf
die Reformpädagogik und die Landerziehungsheime hat
man die Lehrverfahren gelockert und geöffnet, geht »al-
tersgemäß« und »erlebnisorientiert« vor und erweitert
die Schule um lebensnahe »Lerngelegenheiten«. Moderne
Schulen haben Labors und Werkstätten, einen Schul-
garten und einen Schulzoo, eine Lehrküche und natürlich
einen Computerraum. Sie gehen mit ihren Schülern in die
Stadt, in Behörden und Betriebe und »erkunden« diese,
wie sie die Natur, die schöne oder beschädigte Landschaft
und schließlich andere Länder erkunden; sie erfahren innerhalb der Schule mehr als nur die Klassengemeinschaft:
Es gibt Ganztagsschulen, in denen man die Mahlzeit miteinander einnimmt und eine Videothek neben der Biblio-
thek hat; es gibt Großraumschulen, in denen alle auf alle
Rücksicht zu nehmen und aufeinander neugierig zu sein
lernen; es gibt nicht nur Lehrer, sondern Sozialpädagogen, die Feste organisieren, Streit schlichten, die Fahr-
radwerkstatt betreuen, die Kinder vergnügliche Spiele
lehren; die Hausmeister, die Sekretärinnen und das Reini-
gungspersonal sind angewiesen, auf die Kinder einzuge-
hen, und an manchen Schulen übernehmen Schüler sogar
die Aufgaben des Letzteren und finanzieren mit dem dabei gesparten Geld weitere ihnen wichtige Projekte. Viele
Schulen lassen die Eltern in der Betreuung der Kinder
während der Schulzeit mitwirken – als Experten, Erzäh-
ler, Ratgeber, Betreuer von Behinderten.

Ich habe dies »Annäherungen an die Entschulung« genannt. Sie verhelfen den Schulen und Schülern zu einem erfreulicheren und erfolgreicheren Lehren und Lernen. Sie können aber auch ein für die Verwirklichung der eigentlich erstrebten Lösung gefährliches Hindernis sein. »Gefährlich«, weil sie sich als »Lebens- und Erfahrungsraum« der Schüler für eine gute Schule halten dürfen und so weiterhin ihre Räume, Zeiten und pädagogischen Gebaren nicht verlassen werden. Die erwähnten Explorationen führen ja noch am selben Tag in die alten Verhältnisse zurück. Die hier zur Erprobung vorgeschlagene Maßnahme hingegen macht die deutliche Trennung von der Schule zu einem Bestandteil des im Alter von 13 Jahren einsetzenden Ablösungsprozesses, der nach zwei Jahren in einer geordneten Rückkehr zu münden verspricht.

Vor hundert Jahren haben Georg Kerschensteiner und Hugo Gaudig in Deutschland, Paul Petrowitsch und Albert Pinkewitsch in Russland, John Dewey, Helen Parkhurst und William Heard Kilpatrick in Amerika der »Lernschule« eine Arbeitsschule, eine Produktionsschule, eine Projektschule, eine Lebensschule gegenübergestellt. Aber es sind Schulen geblieben, nicht zuletzt weil sie bewusst nur den Gegenstand und die Methode ausgewechselt haben, und dies gleichermaßen für alle Altersstufen der von ihnen bedachten Schularten. Die Organisationsform hat über den pädagogischen Gedanken gesiegt.

Die »Kurzschulen« von Kurt Hahn hingegen sind ein stolzer *misnomer*, denn mit der Unterrichtsanstalt »Schule« haben sie nichts zu tun, vielmehr wollte der Name wohl sagen: Hier werden hohe Anforderungen an Körper und Seele so ernst genommen wie bei »euch« Latein und

Mathematik, und was nicht Einsatz, Tat, Charakter fordert, steht hier zurück. Diese Einrichtungen, die in England Outward-Bound-Schulen heißen, sind nicht nur eine Annäherung an die entschulte Mittelstufe, sie sind eine Variation dazu, eine leider nur vier Wochen dauernde, auf *eine* Art von Erlebnis konzentriert, nämlich Rettung aus Seenot (Weißenhaus) oder Bergnot (Baad), und *einer* Idee verpflichtet: »Dienst am Nächsten, Dienst am Frieden«. Jährlich durchlaufen Weißenhaus rund 1000, Baad rund 500 junge Menschen, zwei Drittel aus der beruflichen Ausbildung, ein Drittel Schüler und jeweils zwischen fünf und zehn Prozent Ausländer.

Auch die Jugendschiffe »Thor Heyerdahl«, »Undine«, »Nostra«, »Johannes Georgi« und »Fridtjof Nansen« gehören in diese Kategorie. Hier wird das schulmäßige Lernen durch ein großes forderndes Erlebnis ersetzt, durch die Übung in einem außerordentlich vielseitigen Handwerk, der Seefahrt auf einem Großsegler, durch die Erfahrung der eigenen Lebensstärken und -schwächen, einer Gefahren- und Glücksgemeinschaft, durch die Wahrnehmung von Abhängigkeit und Verantwortung und nicht zuletzt durch den Blick in die Welt. Eine Reise in die Karibik und in den Pazifik (bis zu den Galapagos) auf der »Fridtjof Nansen« dauert acht Monate. Nimmt man die Vorbereitung und Nachbereitung hinzu, ist es ein ganzes Schuljahr. Was man dabei an Bord »lernt«, dient unmittelbar der Bewältigung des Erlebten oder zu Erlebenden: die Physik der Nutzung des Windes, dem Verstehen des Klimas und des Wetters, die Erd- und Meereskunde der Wahrnehmung und Einhaltung der Route, die Mathematik der Navigation, die Musik der nicht immer einfachen Gesellung auf engem Raum, Englisch und Spanisch dem Landgang. Selbst die Lektüre von Joseph Conrad und Sten Nadolny, von Martin Luserke und Herman Melville hat hier einen anderen, besseren Sinn als in der Schulstube. Aber das Unternehmen ist zu teuer und alle Großsegler Europas zusammen reichen nicht für die Schüler der Mittelstufe deutscher Schulen aus.

Neben dieser Wohlstands-Antwort auf die anämische Lernschule gibt es die Antwort für die Schmuddelkinder: Leo Tolstois »Freie Schule für Bauernkinder« auf seinem Gut Jasnaja Poljana, Anton S. Makarenkos schon erwähnte Gorki-Kolonie, ein Kollektiv für minderjährige Rechtsbrecher, und – wieder ganz anders konzipiert – die First Street School von Paul und Susan Goodman, die ihr Mitarbeiter George Dennison hinreißend geschildert hat. Tolstois Unternehmen ist gescheitert – man kann sagen: an der dilettantischen Schulmeisterei seines idealistischen Gründers; man kann auch sagen: an der Rigueur, mit der er die »Befreiung« seiner Schützlinge durchsetzen wollte. Makarenkos pädagogisches Prinzip hat seinen Erfolg nicht überstanden. Aus der Notsituation des Anfangs, in der die harten Verhältnisse gepaart mit dem Genie Makarenkos ein realistisches Muster dafür abgaben, was Rousseaus »Emile« dem Leser vorzaubert: Die Wirksamkeit der *éducation par les choses* wurde – mit dem Wachstum der Einrichtung – immer größer und mit dem Bau einer Fabrik erst ein nützlicher Teil, dann ein leuchtendes Symbol der sowjetischen Planwirtschaft; die militärischen Rituale des Sozialismus übernahmen die Funktion der

Pädagogik. Man kann viel aus diesem eindrucksvollen »pädagogischen Poem«, wie Makarenko nicht nur seine Darstellung des Werks, sondern dieses selbst genannt hat, lernen, mehr freilich für die sozialisierende Kraft lebensnotwendiger Arbeit als für die Entschulung der Schule, und so wird dieses Musterbeispiel im zweiten Abschnitt dieses Kapitels wieder auftauchen.

Die wahrhaft entschulte Schule von Goodman und Dennison hingegen ist ein Pate des hier vorgeschlagenen Projekts. Sie zeigt, wie man die Großstadt, ein normales Wohnhaus, die normalen Konflikte, den täglichen Überlebenskampf, die täglichen Beobachtungen und täglichen Freuden als »Lebensschule« nutzen kann – wie viel sie für wie wenig Kosten hergeben. Die First Street School hatte ihren Anfang und Schwerpunkt bei den Fünf- bis Achtjährigen und einer Hand voll Acht- bis Zehnjähriger. Sie reichte gerade bis zur Altersgruppe der Dreizehnjährigen und brach dann ab. Das macht sie nur begrenzt für die Entschulung der Mittelstufe ausbeutbar. Andererseits sind manche ihrer Merkmale für eine entschulte Mittelstufe plausibler und wirksamer als bei ihren eigenen kleineren Kindern. Das Verhältnis der Street-School-Schüler zu den Erwachsenen ist nicht durch das Schülersein der einen und das Lehrersein der anderen definiert, sondern durch Beteiligung, Hilfe, Rat, Schutz, Freundschaft; was man lernt und tut, wird vereinbart, steht nicht in einer Vorschrift und auch nicht in einem Stundenplan; das Gelernte wird nicht zensiert – hierfür fehlen die Maßstäbe; es gibt, wie für Rousseaus Emile, keinen »Zwang«, wohl aber »Notwendigkeiten«; über die Verwendung der Mittel wird gemeinsam beraten und entschieden – braucht man für ein Unternehmen mehr, muss man sehen, ob man sich weitere Mittel beschaffen kann oder ob man lieber auf das Vorhaben verzichtet. Auf eigentümliche Weise verbindet sich die Straßen-Schule mit dem Gedanken des lebenslangen Lernens. Wenn man in der Kindheit hat »leben« dürfen, ist es in Ordnung, wenn man als Erwachsener auch »lernt«. Die Vorstellung einer lebenslänglichen Beschulung, einer ständigen »Aufholpflicht« durch Lernen ist hingegen ein Alptraum.

Ein weiterer enger Verwandter im Geist sind die Pfadfinder und die aus der Zeit des Wandervogels überlebenden Bünde. Sie bieten, was die Schule ihren Schülern versagt:

– das Erlebnis der Natur, alles dessen, was der Mensch nicht gemacht hat, was nicht planbar, herstellbar, verfügbar ist, ja nicht einmal wirklich und vollständig erklärbar;

– die Erfahrung der Gemeinschaft, der *civitas*, unter ungleichaltrigen, auch sonst ungleichen und doch gleichgeachteten Menschen, die sich zu gegenseitiger Hilfe verpflichtet haben;

– die Erfahrung, taugliche Sachen zu machen, etwas herzustellen, was sein Maß in sich trägt, was die anderen bewundern, weil es gut gemacht ist – ein Kochfeuer, das nicht raucht, ein Zelt, das auch bei heftigem Wind nicht umfällt, eine Wegeskizze, die enthält, was man braucht, eine Geschichte, die über den Augenblick hinaus spannend und beglückend ist, ein kunstvoller Tanz, den auch »ich« lernen kann;

– große Glücksmomente – in der Landschaft, in der Begegnung mit anderen Kulturen, in der Wahrnehmung der eigentümlichen eigenen Leistung für die Gemeinschaft, in der Musik, im Theaterspiel, also nicht immer nur die Bewältigung des Notwendigen, die Erfüllung der gestellten Aufgabe.

Wären diese Bünde allen zugänglich und würden sie von allen genutzt, es brauchte vielleicht keine »entschulte Mittelstufe«. Aber wie bei den anderen genannten Veranstaltungen handelt es sich auch bei den Jugendverbänden um Ausweichmöglichkeiten oder Kompensationen, um etwas, was das mangelhafte Erziehungs- und Bildungswesen aushaltbar macht, ihm das Überleben ermöglicht, nicht um etwas, das es zum Wandel auffordert. Immerhin setzen die Pfadfinder und Bünde bei dem Alter an, in dem die Schule am meisten versagt: bei der Pubertät.

Alle ernsthaften Menschenbeobachter haben dieser Phase der Entwicklung ihre besondere Aufmerksamkeit geschenkt und fast alle, weil sie Schwierigkeiten bereitet. Es irritiert die Erwachsenen, dass die »Kinder« plötzlich nicht mehr sind »wie bisher«; diese werden sich selbst und den anderen unverständlich; sie verlassen die freundliche Abhängigkeit von den Erwachsenen und werden für sie unzugänglich. Es irritiert die Erwachsenen auch, dass die Nun-nicht-mehr-Kinder sich mehr füreinander interessieren als für sie; sie misstrauen dem Einfluss, den die Kinder aufeinander haben und mit dem sie nicht konkurrieren können, ja sie neiden ihnen ihr geheimes Einverständnis. Die Erwachsenen nehmen plötzlich erschrocken ihre eigene Faszination durch die Wesen wahr, die ihnen äußerlich näher kommen und sich gleichzeitig so hartnäckig von ihnen zu entfernen suchen, die sich selbst um einen Preis verwirklichen wollen, den sie – abgeklärt oder abgestumpft – längst nicht mehr zu zahlen bereit sind.

Die Phase der sexuellen Reifung wird sehr unterschiedlich ausgelegt und bewertet. Kurt Hahn beispielsweise sah in ihr eine vermeidbare Störung des natürlichen Zutrauens, der »ungebrochenen Menschlichkeit« des Kindes. Der erwachende Geschlechtstrieb beanspruche die gesamte seelische Energie des werdenden Menschen – und das müsse so nicht sein. Der unbesiegbare Lebensmut, das Mitgefühl, die Neugierde, die Taten- und Bewegungsfreude des Kindes könnten erhalten werden »unter der Bedingung, dass man an der Schwelle der Pubertät die giftlosen Leidenschaften entzündet: die Lust am Bauen, die Sehnsucht nach Bewährung im Ernstfall, auch in der Gefahr, den [der] Forschungstrieb, die Seligkeit des musischen Schaffens, die Freude an einer Kunstfertigkeit, die Sorgfalt und Geduld erfordern« (Erziehung zur Verantwortung, S. 56).

Andere sagen, so habe man leider im 19. Jahrhundert die Pubertät stigmatisiert und dramatisiert und wisse es doch längst besser. Diese sei kein »Bruch« in der menschlichen Entwicklung, sondern ein von der Natur allmählich und sorgsam vorbereiteter, notwendig unschematischer, heilsam krisenhafter Vorgang. In der Pubertät sei das Kind nicht dadurch gefährdet, dass ihm Hingabefähigkeit fehle und seine Moral zu schwach sei, sondern dadurch, dass es sich total einsetze, mit mörderischer

Rigueur urteile, zu schnell und hart vor allem über sich selbst richte und nicht wisse, wie es sich die Hilfe anderer zuziehen könne.

Erhellend ist die Sicht der Ethnologen. Von ihnen lernt man nicht nur, wie verschieden die einzelnen Kulturen mit dem »coming of age« umgehen – vornehmlich, weil sie die Schwierigkeiten anders deuten! –, sie zeigen auch, dass es in bestimmten Stadien der Kulturentwicklung unser Pubertätsproblem gar nicht gibt. Zwar kommt in allen ein Moment der Unsicherheit auf, wenn die Geschlechtsreife eintritt, der junge Mensch jedoch noch klein, physisch schwach, von anderen abhängig und vor allem unerfahren ist. Aber wo schon kleine Jungen die Künste des Fischens und Jagens lernen können, von denen ihre Gesellschaft lebt, und kleine Mädchen immer schon tun, was auch ihre Mütter tun (einschließlich: die noch kleineren Geschwister erziehen!), und wo keine komplizierten Rechts- und Besitzverhältnisse der Heirat junger Menschen entgegenstehen, sobald sie geschlechtsreif sind, reduziert sich das Problem auf die Frage, was diesen Halberwachsenen zuzumuten ist. In Liberias Hinterland werden noch heute die Knaben mit zehn oder elf gewaltsam in den Grigribusch entführt, um die Ablösung von der Frauenwelt zu erleichtern; dort, im »Zauberwald«, lernen sie den Tanz der Männer, den Waffengebrauch und die Sexualgebote. Schmerzhafte Riten, Tätowierungen, Beschneidung »machen« sie zu Männern. Danach sind sie es. In England schickte man, wie bei Philippe Ariès zu lesen ist, schon acht- und neunjährige Jungen in andere Familien, wo sie z. T. schwere Dienste leisten mussten;

mit 14 oder 15 kehrten sie abgehärtet und gezähmt zurück; die Sitte wurde bis ins frühe 19. Jahrhundert beibehalten; die reichen Familien bedienten sich zum selben Zweck der Public Schools. Dort arbeiten sich noch heute die Jungen aneinander ab und ersparen den Eltern den sonst zu erwartenden Konflikt zwischen »das möchte ich auch« und »das kannst du noch nicht«. Pubertät, sagen die Historiker und Anthropologen, sei ein Kulturphänomen, geradezu ein Produkt der Erziehung.

Die vielfältigen Deutungen der Pubertät durch Historiker, Anthropologen, Psychoanalytiker hier aufzuführen ist nicht nötig, weil unsere vom 6. bis zum 16. Lebensjahr reichende Pflichtschule die Pubertät offiziell gar nicht zur Kenntnis nimmt. Die Schule fühlt sich für die erste Hälfte des Tages und die »obere« Hälfte des Menschen verantwortlich. Das Pubertätsdrama überlässt sie der Familie und den Jugendlichen selbst, die ihre Ablösung von den Eltern in der Disko, in der Gang, im Sportverein vollziehen – oder im Streit und in einer Neurose. Was davon in die Schule hineinwirkt, der »ödipale Vatermord« am Lehrer in der Form von Aufsässigkeit, die mythische Mutterbindung an die Lehrerin in der Form von Verwirrung und Albernheit, gilt als »Unterrichtsstörung«. Unterrichtsstörungen stellt man ab oder hält man aus. Verarbeitet wird das große von Siegfried Bernfeld pathetisch dargestellte Problem von ritueller Unterwerfung und Emanzipation nicht. Es wird in Schularbeit und Autoritätsgerangel erstickt.

Auch die Landerziehungsheime, in denen Schulleben und Familienleben vereint sind, antworten verschieden auf diese Entwicklungsphase: mit der erwähnten Ab-lenkung durch »giftlose Leidenschaften« oder wie die öf-fentliche Schule und die durchschnittliche Familie mit Verdrängung. Die pädagogisch gewitzteren Landerzie-hungsheime gehen auf sie ein – mit der Offenlegung des Problems, mit seiner Verschärfung.

Dies ist auch das Prinzip, dem die hier vorgeschlagene Entschulung der Mittelstufe folgt. Aber, durch die »Vor-gänger« und »Verwandten« belehrt und gewarnt, geht sie vorsichtig vor. Sie soll eine gründlichere und s. v. v. nach-haltigere Veränderung vollziehen, tut dies jedoch in Etap-pen und ohne Orthodoxie, ja, sie sieht zwei grundver-schiedene Wege A und E vor, das Ziel zu erreichen (s. o. S. 26 bis 29).

Nicht zu den Vorläufern und Verwandten der Entschu-lung sind Versuche zu zählen, bei denen bestimmte Schwä-chen der herkömmlichen Unterrichtsschule durch außer-schulische Veranstaltungen ausgeglichen werden sollen, beispielsweise in dem löblichen Forschungsprojekt Jacobs Sommercamp (sic!), in dem man herauszufinden sucht, welcher Verlust an Sprachfähigkeit bei Schülern nicht-deutscher Herkunft während der Sommerferien eintritt, und umgekehrt, welcher Gewinn durch Intensiv-Sprach-kurse in den Ferien erreichbar ist. Die üblichen *summer-camps* in Amerika lassen sich durchaus in die Bemühung um Entschulung der Mittelstufe einordnen, zumal ameri-kanische Eltern darin eine für sich und die Kinder gleicher-maßen wirksame Entlastung ihrer Beziehung wahrneh-men und die *summercamps* eine Fülle höchst geeigneter altersgemäßer Erfahrungen bieten. Die Veranstalter des

Jacobs Sommercamps berufen sich zwar auf die amerikanischen *summercamps*, verfolgen aber gänzlich andere Ziele, die eher als »Verschulung der Ferien« zu bezeichnen wären.

Besser steht es mit dem brandenburgischen Modellprojekt »Lernen in Schule und Betrieb – ein innovatives Modell für die Sekundarstufe I?«. Dieser Versuch betrifft die Mittelstufe, bezieht »außerordentliche Lernorte« ein und will damit das Lernen »spezifischer an die Bedürfnisse von Jugendlichen anpassen«, ja ihnen ein neues Selbstbewusstsein geben. Aber wieder ist wie bei Jacobs Sommercamp PISA der Auslöser und wieder sollen also bestimmte Kompetenzdefizite beseitigt werden, weshalb ein Hauptaugenmerk auf dem »Leistungsniveau in den Kernfächern« liegt. Eine Hypothese hierzu lautet, dass die Leistungsverweigerung und das störende, ja aggressive Verhalten der Jugendlichen mit der ihnen unangemessenen Form schulischen Lernens zusammenhängen. Dies bringe für bestimmte Schülergruppen bestimmte Nachteile, die durch eine »gezielte und vertiefende Berufsorientierung«, also durch einen oder zwei Praxistage in der Woche beseitigt werden könnten. Dieser ausdrücklichen Hypothese folgen keine ausdrücklichen Maßnahmen. Man verlässt sich auf Nebeneffekte des Arrangements: kleine Gruppengröße, weniger Zeitdruck, keine Überforderung, viel Zuwendung und individuelle Unterstützung. Es ist schwer vorstellbar, dass hierdurch »das gesamte Lern- und Unterrichtsklima« verändert wird, wie die Forschungsgruppe hofft; verbessert wird es vermutlich.

Ein Motor der Entschulung könnte die Ganztagsschule

sein – wider Willen und Absicht derer, die sie jetzt »flächendeckend« einzuführen im Begriff sind. Diese ist ja eine der Antworten auf die Offenbarungen von PISA, und das heißt, man verspricht sich von ihr vor allem bessere »schulische« Leistungen, nicht *allotria*. Aber was tun, wenn man zu ihrer Verwirklichung nicht auch erheblich mehr und anders ausgebildete Lehrer zugewiesen bekommt? In Berlin hat sich ein JugendKulturService zur Aufgabe gemacht, die »Angebote« der örtlichen Jugendbildungsstätten und einschlägigen Verbände und Einrichtungen im zweimonatigen Abstand zu sammeln, zu publizieren und den Schulen zur Verfügung zu stellen. »Besondere Lernorte in und um Berlin« heißt das Organ. Es enthält auf 80 Seiten – aufgeteilt in zehn Sparten: Kinder- und Jugendtheater, Theater, Konzerte, Kino und Medien, Museen, Literatur und Bibliotheken, Naturwissenschaften und Technik, Umwelt und Natur, Gesundheit und Bewegung, Zirkus und Spiele – Hinweise auf 230 außerschulische Lerngelegenheiten. Die Theater (von GRIPS bis Volksbühne), Museen (von Ägypten bis Zucker), Musikveranstalter (von Berliner Philharmoniker bis Rundfunkorchester) bieten außer gesalbten Sätzen (»Neben sprachlicher Erziehung« gebe es »nichts Besseres ... als den Zugang zu Musik höheren Ranges«) vornehmlich Führungen, Probenbesuche, Nachgespräche, Workshops, Lehrerfortbildung, Unterstützung »bei Veranstaltungen« und Nachwuchsförderung; die Bibliotheken geben Einführungen in ihre Nutzung und in den Computerkatalog; die Kinderkinos halten ein tägliches Schulkino-Programm bereit »ab einer Klasse«, und allesamt so gut wie nichts, was Schüler selber tun können und was einen Halbtagsbesuch überdauert. Nicht einmal die Jugendfarm erlaubt eine Beteiligung der Schüler – so wenig wie der Botanische Garten, das Freilandlabor, der Naturpark. Im Waldmuseum kann man an einem »Walderlebnistag« teilnehmen und lernen, wie man (was?) mit heimischen Pflanzen färbt. Die Kinder-Uni lässt Schüler zu Einführungsexperimenten zu; die Sternwarte und das Planetarium halten Vorträge gegen zwei Euro pro Person »nach Vereinbarung«. Nur im PhysLab der Freien Universität können interessierte und besonders begabte Schüler vom 10. Schuljahr an »selbständig experimentieren«. Wie man sieht: Die »besonderen Lernorte« sind nicht mehr als ein »extension service« für die Schulfächer, weit entfernt von Erfahrungslernen und Bewährung. Aber sie lassen ahnen, was allein auf diesem begrenzten Gebiet und in den schon vorhandenen Einrichtungen möglich wäre. Wir stehen hier an einem Anfang.

Eine letzte »Entschulungsvariante« hat noch einmal ein ganz anderes Gesicht und einen anderen Anlass: das *home schooling* (auch *home teaching*). Es ist in den USA erlaubt und wird dort von immer mehr Eltern praktiziert. Sie sind mit der öffentlichen Schule, deren Verwahrlosung oder schlechtem Unterricht oder rassischer Zusammensetzung oder Säkularisierung unzufrieden. Was sie mit ihren Kindern tun, wird sehr unterschiedlich sein – reicher, humaner, intelligenter als das, was die öffentliche Schule macht, oder auch sehr viel enger, schon indem es den Kindern die Erfahrung des Zusammenlebens und -lernens mit anderen vorenthält, vor allem mit Kindern einer anderen Kultur. In Europa kann man es in Dänemark so halten wie in Amerika; es gibt keine Schulpflicht, nur eine Unterrichtspflicht, und so bildet sich bei den 0,3 Prozent der Kinder, die diesen Weg gehen, ein Sonder-Weg-Bewusstsein aus und entsprechend bei den Eltern eine gesteigerte »Schulkind-Eltern-Verantwortung«, ein Hang zu totaler Pädagogik – und beides sollte man sich für unsere Gesellschaft und unsere Kinder nicht wünschen. Ja, man sollte aus eben dem Grund auch bei einem Exodus einer Schulklasse im Rahmen des Entschulungsversuches darauf achten, dass kein Kind sich von der ungewohnten Lebensgemeinschaft überwältigt fühlt. Es muss normale Zufluchten geben, wie sie der Wechsel zwischen Schule und Elternhaus den Kindern heilsam gewährt. Die Sorge mancher Väter und Mütter, die Ganztagsschule nehme den Kindern »das Leben« weg, muss auch der im Sinn behalten, der den Kindern mit der Entschulung ein Stück Leben zurückgeben will.

4. Dienste am Gemeinwesen, die vor allem den Dienenden gut tun

(a) Das Konzept

Vorgeschlagen wird eine entschlossene Erweiterung und Förderung des Freiwilligen Sozialen Jahres unter anderem Namen »Dienste am Gemeinwesen« und mit dem erklärten Ziel, diese, wenn die notwendigen Voraussetzungen dafür geschaffen sind, von allen Bürgern und Bürgerinnen unserer Republik zu verlangen – zu leisten zwischen ihrem Schulabschluss und ihrem Eintritt in das Erwerbsleben, spätestens jedoch bis zum 25. Lebensjahr. In dieser Endform wird aus »Diensten« im Plural »Dienst« im Singular: Das Prinzip der Leistung für das Gemeinwohl wird so auch im Namen sichtbar.

Die Dienste dauern ein Jahr. Sie können auf fünf verschiedenen Gebieten geleistet werden: im Umweltschutz; in der Fürsorge für Bedürftige, Kranke, Alte, Kinder; in der Stadt- und Landschaftspflege; in der Politik; in internationalen Einsätzen. Die Dienstleistenden können im Rahmen des Möglichen die Art ihres Dienstes wählen.

Diese Dienste können an die Stelle des Wehrdienstes treten. In der Endform werden alle Dienste einschließlich des Wehrdienstes einander gleichgestellt sein.

Hierzu bedarf es einer Grundgesetzänderung, die in dem Maß leichter zu erreichen sein dürfte, wie positive Erfahrungen mit diesem Vorhaben vorliegen.

In der Endform wird sich möglicherweise das Freistellungsverhältnis umkehren: Wer in der Bundeswehr, die hoffentlich auch nach der Abschaffung der allgemeinen Wehrpflicht nicht als Söldnertruppe angesehen wird, und beim Bundesgrenzschutz dient, wird vom »Dienst am Gemeinwesen« freigestellt, weil er diesen ja leistet. In der Entwicklungsphase könnte auch, wer sich wenigstens fünf Jahre in einem der heute schon bestehenden freiwilligen Dienste verpflichtet (Feuerwehr, Katastrophenschutz, Aktion Sühnezeichen und dergleichen) als Gemeindienst-Leistender angesehen werden.

Die Pflicht für Frauen bedarf besonderer Überlegungen und Bedingungen. Man sagt, Mutterschaft sei schon ein »vergleichbarer« Dienst. Eine vergleichbare Erfahrung und Übung im Gemeinsinn ist sie freilich nicht. In das zweite der obengenannten Dienst-Gebiete gehört sie jedenfalls.

Keiner der Dienste lässt sich ohne jegliche Ausbildung leisten. Die dabei erworbenen Fähigkeiten können und sollen in der weiteren Berufs- und Erwerbslaufbahn genutzt werden können. Es ist jedoch nicht der Zweck der Dienste, Berufsvorbereitung zu geben. Es ist auch nicht der Zweck der Dienste, unbeschäftigte Jugendliche für ein Jahr von der Straße zu holen. Dies wird ein erfreulicher Nebeneffekt sein, wirft aber arbeitsrechtliche Probleme auf und darf nicht zu einem Verdrängungswettbewerb in den jeweiligen Berufsgruppen führen.

In der Entwicklungsphase wird der individuell zu schließende Arbeitsvertrag mit der Dienstnehmer-Einrichtung die Regel sein. Über eine Mindestvergütung sollte

ebenso wie über eine Höchstvergütung durch den Gesetz-
geber entschieden werden. Dabei wird man den unterschiedlichen Bedingungen der unterschiedlichen Einsatz-
felder Rechnung tragen. Auch hierzu ist es nützlich,
Erfahrungen zu sammeln. Dafür wird ein Zeitraum von
zehn Jahren angesetzt.

Von einem »Versuch«, wie er für das »Entschulungs«-
Vorhaben vorgesehen ist, wird man bei diesem Vorhaben
jedoch nicht sprechen können: Ergebnisse, die mit freiwilligen Dienstleistungen und Dienstnehmern erzielt werden, sagen wenig über die Folgen aus, die ein Pflichtdienst
für alle hat. Auch sollen in der Entwicklungsphase – mit
Blick auf die Endform – schon Einrichtungen geschaffen,
geeignete Gebäude errichtet oder für den Zweck herge-
richtet und andere notwendige Investitionen gemacht werden, die man nicht ohne weiteres wieder rückgängig machen kann. Aber man wird in der Entwicklungsphase die
Wirkung der *Aufgaben*, der *Dienstformen* und der *Dienst-
dauer* erproben, ja, die allmähliche Entwicklung der Maßstäbe für diese drei dürfte der wichtigste Ertrag der ersten
(nicht weniger als fünf) Jahre der Entwicklungsphase sein.
Möglicherweise tut ein sechsmonatiger Dienst schon die
erwartete Wirkung.

In der Endform sind die Dienste Ehrendienste. Die
Dienstleistenden erhalten darum keine Vergütung, wohl
aber ein gut bemessenes Taschengeld, das ihnen erlaubt,
bescheidene Bedürfnisse weiterhin zu befriedigen: ins
Kino zu gehen, Bücher zu kaufen, die Bluejeans zu wech-
seln, über ein Handy zu verfügen. Sie werden respektvoll
untergebracht: Tischtuch, nicht Wachstuch, also weder

spartanisch noch nobel – kein Container, keine Kaserne, keine Jugendherberge, eher wie in einer evangelischen Akademie. Es soll auch nach außen hin sichtbar sein, dass die Gesellschaft diese Dienste nicht ausnutzt, sondern sie ebenso ehrt, wie sie sie braucht.

Vorstellbar ist, dass das ganze Projekt »Dienste am Gemeinwesen« mit einer Versammlung beginnt, die der Bundespräsident aus den verschiedenen in Frage kommenden Tätigkeitsbereichen einberuft – mit dem Auftrag, ein geeignetes Organ zu entwerfen, das die Ideen und Bemühungen zu diesem Thema ordnet und bündelt und fortan die politischen, rechtlichen, wirtschaftlichen Voraussetzungen zu schaffen in der Lage ist. Das hier vorgelegte Manifest bevorzugt ausdrücklich keine Organisationsform – ein Ressort im Innenministerium oder im Ministerium für Arbeit und Wirtschaft/ein Bundesamt für das Soziale Pflichtjahr/eine Stiftung/ein Verein etc. Es legt erst recht keinen *blueprint* für das gesamte Vorhaben »Dienst(e) am Gemeinwesen« vor. Es versucht, das Gespräch über dieses wichtige Institut der Gesellschaft erneut in Gang zu setzen und ihm eine schlüssigere Begründung zu geben.

In den einzelnen Dienst-Gebieten sind folgende Einsätze denkbar:

1. Waffendienst: wie bisher.
2. Umweltschutz: Dammbau/Anpflanzung von Wäldern/Lawinenschutz/Dünenschutz/Vogelschutz/Wasserschutz (beispielsweise bei routinemäßiger systematischer Wasserbeobachtung)/etc.
3. Fürsorge für andere, Zeit haben für andere, Begleitfunk-

tionen: Unterstützung des Pflegepersonals bei Alten, Kranken, Behinderten/Schulassistenz (beispielsweise in der Entschulungsphase, s.o. S. 21 ff.)/Hausaufgabenhilfe/Überwachung von Spielplätzen und Schulwegen/ Gemeinwesenarbeit/Jugendsportvereine/Obdachlosenküche/Musizieren für alle und mit allen Altersgruppen/ Vorlesen/Gefangenenbesuche/Fuhrparks gemeinnütziger Einrichtungen/etc.

4. Stadt- und Landschaftspflege: Graffitibeseitigung/In-Ordnung-Halten städtischer Anlagen/Bewachung von exponierten Denkmälern, beispielsweise des Holocaust-Denkmals, in Verbindung mit Führungen wie im Jüdischen Museum in Berlin oder bei der Topographie des Terrors/Kriegsgräberpflege/Fremdenführung ad hoc (Weltmeisterschaft 2006)/Fahrradverleih zur Entlastung des städtischen Verkehrs von Autos/etc.

5. Politik: Assistenz bei Abgeordneten/Dienste im Rahmen der Tätigkeit der Stiftung »Verantwortung, Erinnerung, Zukunft« und ähnlichen Einrichtungen/etc.

6. Internationaler Einsatz: Aktion Sühnezeichen/Die Grünhelme/Hilfsdienste beim Bundesministerium für technische Zusammenarbeit/Dienst im Peace Corps/ Hilfsdienste bei Auslandseinsätzen des Technischen Hilfswerks/etc.

Die mit diesem Vorschlag verbundenen Risiken und Probleme sind groß. Nicht zuletzt wird man vor den enormen Kosten zurückschrecken: Zwischen 750 000 und 900 000 junge Menschen werden jedes Jahr mit einer gemeinnützigen, möglichst lehrreichen und nicht als entwürdigend empfundenen Aufgabe zu versehen sein. Für viele dieser Aufgaben ist eine kontinuierliche Personalversorgung nötig; man wird Agenturen, *service stations*, Aufgabenbörsen und dergleichen benötigen, die mit bestehenden Einrichtungen konkurrieren oder kollidieren. Andere Aufgaben werden ein ganzes Jahr nicht ausfüllen. Es wird eine Überprüfung der zunächst sehr individuell und verstreut erbrachten Leistungen geben müssen. Man wird eine Kontrollbehörde brauchen und verlangen, dass die Ergebnisse vorzeigbar sind und ihre Gemeinnützigkeit nachgewiesen wird. Man wird gut begründete Forderungen vorbringen, den Gemeinnutz mit Eigennutz zu verbinden, weil »der Mensch nun einmal nicht so funktioniert, wie die Ethiker das vorschreiben«.

Man hat Jahrhunderte gebraucht, um das Bildungswesen, das Gesundheitswesen, das Gerichtswesen und nicht zuletzt die Organe und Einrichtungen der Landesverteidigung aufzubauen. Und man hat sich an deren Kosten gewöhnt. Für den Aufbau eines von allen zu leistenden Dienstes am Gemeinwesen wird man ähnlich viel Zeit und Geld aufwenden müssen. Man wird nicht nur über die öffentlichen Mittel neu disponieren, man wird eine prinzipielle Auseinandersetzung mit der herrschenden ökonomischen Lehre darüber führen, was der Markt ausrichten kann und was nicht. Man wird eine andere Einstellung zum sozialen Wandel einnehmen müssen. Die hier gedachten Dienste kann man nicht einführen wie die Ökosteuer und das Dosenpfand. Darum sind die im Folgenden behandelten Anlässe und Begründungen für dieses Vorhaben ebenso wichtig wie das Konzept selbst.

(b) Begründungen

Was lernt man besser im Leben, was lernt man besser in einer Schule? – Diese, man möchte meinen: erste Frage, die sich die Pädagogen zu stellen hätten, wird seit langem nicht mehr gefragt. Fehlt es irgendwo an Kenntnissen, Fähigkeiten, Haltungen, gibt man es der Schule auf, den Mangel zu beheben. In diesem Buch wird die Frage gestellt – freilich nicht mehr in usurpierter Unschuld, sondern mit den notwendigen historischen Einschränkungen und Vorbehalten: Was lässt sich in *unserem* Leben noch lernen? Was davon haben die Schulen ihm schon genommen (beispielsweise: auf Kinder achtende Erwachsene, den von Eduard Spranger geschilderten »geborenen Erzieher«, die arglose Bereitschaft, etwas zu lehren, für das man kein Diplom in der Tasche trägt)? Welcher Abstraktion, Segmentierung, Beschleunigung ist dies zum Opfer gefallen? Welcher vielleicht nur geringen Anstrengung oder bescheidenen Einrichtung bedarf es, um das Lernen im Leben und am Leben zurückzugewinnen? Vor allem aber: Gibt es vielleicht zeitliche Abschnitte oder sachliche Ausschnitte, welche man sinnvoll und ohne damit die Funktion der Schule zu schmälern anderen Regionen der Gesellschaft anvertrauen kann?

Für einen Lebensabschnitt, in dem der Mensch vor allem seine Beziehungen zu anderen Menschen ordnet, sich selbst erkundet und sich selbst verstehen lernt, ist oben eine – vorerst hypothetische, aber plausible – Antwort gegeben worden: die Entschulung der Altersjahrgänge 13 bis 15. Es wird noch lange dauern, bis die vorgeschlagene Lösung erprobt, erhärtet, hinreichend verallgemeinert ist.

Was wird aus den Generationen, die bis dahin dem taylorisierten Lernen in der Schule einerseits und den zufälligen Erlebnissen auf der Straße andererseits – dem Skateboard, der Techno-Musik, der Telekommunikation, der Rivalität der *peers* – überlassen worden sind? Wo konnten sie lernen, was unsere freie Gesellschaft am meisten braucht: Politik, was so viel heißt wie »sich um die *polis* kümmern, in und von der man lebt«?

Die so verstandene Politik kann man heute nicht an der tatsächlichen Politik lernen. Diese lehrt selten den richtigen Gebrauch der Mittel und Institutionen, eher deren Missbrauch – wie man Macht erwirbt oder verspielt, wie man frech verspricht und schlecht hält, wie man immer das Richtige weiß und nie am Falschen schuld ist. Wo und wie man die hier gemeinte Politik lernen kann, erfährt man bei den alten Griechen und bei den frühen Amerikanern. Die griechische *polis* und die *township* waren selber die Schule der Politik. Wo die Lebensgemeinschaft dies nicht mehr sein kann, muss die Schule ihrerseits zur *polis* werden. John Dewey hat die Schule eine *embryonic society* genannt, eine im Entstehen begriffene Gesellschaft. Die Familie, die noch immer den größten (und besten) Teil der Erziehung in unserem Lande leistet, kann *dies* nur in engen Grenzen erfüllen. Sie enthält die schwierigste Erfahrung nicht: die mit der großen Zahl und den großen Verschiedenheiten.

Aber unsere Schule ist keine *polis*; sie ist eine Belehrungsanstalt und wird es bleiben. Dabei müsste sie gar nicht in jeder Hinsicht anders werden, um eine erziehende *polis* zu werden. Sie müsste nur dem stattgeben, was an

»Politik« in ihr schon immer geschieht: nicht nur Unterricht und Pause nach den hierfür gemachten Regeln, sondern das Zusammenleben von großen und kleinen Menschen für fünf bis sechs Stunden täglich zum Zweck des Lernens. »Leben« – das heißt Dinge gemeinsam tun, planen, uneins sein, verschieden sein, einander helfen, auf die Rücksicht nehmen, die dem noch nicht oder nicht mehr oder zeitweise nicht gewachsen sind, sich in gemeinsame Ressourcen (hierzu gehören auch Zeit, Raum, Stille) teilen, sich Regeln geben, diese einhalten und durchsetzen, sie prüfen und wenn nötig verändern. Dies alles bedeutet Arbeit am gemeinsamen Wohl. Dies alles heißt Verantwortung in der Gemeinschaft tragen. Dies heißt seinen Verstand gebrauchen lernen, nicht der Anweisung, der Gewohnheit, der Mode folgen. Noch einmal: Wo und wann könnte man das nachholen?

Mit *dieser* Überlegung fängt der hier erneuerte Vorschlag eines Sozialen Pflichtjahrs an. Die Antwort lautet: an einem Ort, an dem die Gemeinschaft uns braucht, und am besten, bevor man in seinen Beruf eingetreten ist – oder sich in ein Außenseiterschicksal ergeben hat. Das in diesem Manifest vorgeschlagene Soziale Pflichtjahr für alle sei mit dieser Chance begründet. Diese Begründung wiegt schwer und reicht aus.

Es gibt zahlreiche andere Begründungen. Die meisten von ihnen sind dem Verständnis meiner Absicht und dem Sinn der Sache abträglich. Schon darum müssen sie hier aufgeführt werden:

– Die Wehrpflicht stehe vor ihrer Abschaffung (»man« rechnet damit für das Jahr 2008);

– mit ihr verschwinde der Zivildienst, der als Ersatzdienst eingeführt worden sei und nur als solcher finanziert werde;

– der Fortfall der Zivildienstleistenden, inzwischen für die Gesellschaft, insbesondere in der Kinder-, Alten- und Krankenbetreuung sowie in bestimmten Projekten des Umweltschutzes unentbehrlich geworden, würde den schon vorhandenen Notstand in den genannten Bereichen dramatisch erhöhen: Vier Fünftel der Zivildienstler leisten ihre zehn Monate bei den deutschen Wohlfahrtsverbänden;

– die Zunahme der Alten in unserer Gesellschaft, ein nicht regulierbarer Tatbestand, fordere die Gesellschaft zu einer ungewohnten und ungewöhnlichen Leistung heraus, für die die Mittel und das Personal fehlen; »die Gesellschaft« – das meint hier: uns alle;

– auch die Öffnung Europas nach Osten und die jetzt schon von dort für jeweils drei Monate bei uns einsickernden Billig-Pflegerinnen könnten den Bedarf nicht decken;

– das existente »Freiwillige Soziale Jahr« (FSJ) verspreche zwar eine höhere Motivation, aber mit ihm sei weder der Umfang noch die Stetigkeit der geforderten Dienste zu sichern;

– eine von der *Welt am Sonntag* im vorigen Jahr in Auftrag gegebene Umfrage habe ergeben, dass 68 Prozent der Befragten sich für das Soziale Pflichtjahr aussprächen;

– schon jetzt würden 60 Prozent der jungen Männer zu keinerlei Dienst mehr herangezogen;

– erst im Dienst an der Gemeinschaft nehme man diese

wirklich wahr; er sei der Kitt unserer Gesellschaft; in ihm bilde sich der Gemeinsinn.

Es soll hier nicht darüber geurteilt werden, ob die behaupteten Tatbestände stimmen; es sei hier nur festgestellt, dass alle Argumente, selbst das letzte, von einem Bedarf oder Anspruch der Gesellschaft ausgehen. Und auch an deren Berechtigung wird hier nicht gezweifelt (die Bundeswehr hat ihre Funktion verändert und wird kleiner; eine Wehrdienstgerechtigkeit ist nicht mehr herstellbar; den Alten und Pflegebedürftigen kann in den berechneten 13 ½ Minuten Zuwendung während der Schicht das ihnen so wichtige Gespräch nicht mehr gewährt werden, geschweige denn der kleine Spaziergang zum Restaurant oder das gemeinsame Blättern im geliebten Fotoalbum oder ein zusätzliche Mühe bereitender Hund) – aber davon, was der Dienst für den Dienstleistenden bedeutet, ist nicht die Rede, außer im allerletzten Wort: »Gemeinsinn«.

Dass viele dieser Argumente der Sache »hinderlich« sind, erkennt man an den oft schroffen Erwiderungen, die sie erfahren und die in unserer unentwegt rechnenden, unentwegt mit der Sicherung von Arbeitsplätzen befassten Öffentlichkeit wirksam einschlagen:

– Schon der Zivildienst sei volkswirtschaftlich schädlich: »ohne ihn gebe es im Sozialbereich 70 000 Arbeitsplätze mehr«;
– der Zivildienst blockiere nicht nur einen ganzen Berufszweig, die jungen Leute kämen selber erst ein Jahr später in ihren Beruf und zum Geldverdienen;

- das Pflicht-Dienstjahr verlängere die Ausbildungszeit; wir bräuchten die jungen Menschen sehr bald nach ihren Schul- und Studienabschlüssen;
- wer einen sozialen Pflichtdienst einführen wolle, müsse erst das Grundgesetz ändern und die Wehrpflicht abschaffen; beide Pflichten zugleich könne es nicht geben; der Zivildienst sei *Wehr*ersatzdienst; nur als solcher habe er vor der Grundrecht-Charta der EU Bestand, die besage (in schlechtem Deutsch): »Niemand darf gezwungen werden, Zwangs- oder Pflichtarbeit zu verrichten.«;
- das Pflicht-Dienstjahr sei im Übrigen durch den Reichsarbeitsdienst der Nazis diskreditiert;
- die für 800 000 Jugendliche pro Jahr benötigten Gelder seien nicht aufzubringen;
- die demografische Last dürfe nicht solchermaßen der jüngeren Generation auferlegt werden;
- Pflichtdienste seien – in dem zu erwartenden Umfang – der Qualität und dem Ansehen der Sozialarbeit insgesamt schädlich.

Diese Einwände sind, wie man leicht erkennt, vornehmlich gegen den Pflichtcharakter des Dienstes gerichtet, weil das in den Arbeitsmarkt hineinwirkt. Hätten wir in der eigenen Geschichte nur Söldnerheere gehabt und nur private Bildungsunternehmen, es würden die Wehr- und die Schulpflicht sicher mit gleichem Unmut abgewehrt. Vielleicht hätten wir dann eine insgesamt erfreulichere Gesellschaft: eine, in der die Mehrheit aus freiem Willen das Gemeinnützige und Gemeinnotwendige tut. Aber wir haben diese Gesellschaft nicht nur nicht, wir tun wenig dafür, dass sie entsteht. Die von uns geschaffenen »Verhältnisse« bevorzugen den tüchtigen Egoismus. Im alten Griechenland kannte man keine Steuerpflicht; die vermögenden Leute zahlten für die öffentlichen Gebäude, für die öffentliche Spiele und Feste, für eine neue Galeere, eine neue Verteidigungsmauer. Sie wurden dafür gerühmt. Aber weder die Freiwilligkeit noch das Rühmen derselben kommen von allein zustande. Sie entstehen durch Überzeugung, zum Beispiel durch das Lesen und Mitdenken von Kants Schriften, oder durch die Erfahrung: dass es wohl tut, von anderen als ein nützlicher, hilfreicher, uneigennütziger Mitbürger angesehen zu werden. Das Wort »Pflicht« ist durch Missbrauch in die Nähe von Zwang gerückt. Es kommt von »pflegen« (in der Bedeutung: für etwas einstehen) und ist bei Kant der Begriff, »der den eines guten Willens [...] enthält«. Pflicht steht der (blinden) Neigung gegenüber als eine aus Einsicht zu erfüllende Aufgabe. Dass man sich mit diesem Sachverhalt und darum auch mit diesem Wort bei uns wieder befreunde, ist für unsere Gesellschaft wichtiger als die Überwindung des Pflegekräftemangels, als Dienstgerechtigkeit, als die (ernste) Frage, wie die Kosten aufzubringen seien, ja, sogar als die Frage, ob man vor einem internationalen Gericht damit bestehen könne. Hat man verstanden, was Pflicht an der Gemeinschaft ist, wird man auch Lösungen für die genannten Schwierigkeiten finden.

Wie bei vielen notwendigen gesellschaftlichen Reformen besteht auch hier das Problem darin, dass sie das veränderte Bewusstsein voraussetzen, das eigentlich erst aus ihnen erwachsen kann. An den vielen Freiwilligendiensten, die es in Deutschland und Europa gibt, beteiligen sich fast ausschließlich Menschen, die das Gefühl der Verantwortung für das Gemeinwesen und die Erfahrung, dass ein solcher Dienst befriedigt, schon mitbringen. Sie bedürfen eines Bewusstseinswandels nicht, sie brauchen in erster Linie die Gelegenheit, das Gewollte auszutragen. Die vielen anderen, die nur Objekte von Erziehung und Sozialverwaltung gewesen sind, die Enttäuschten oder nie Entzündeten hingegen werden die ihnen fehlenden Erfahrungen nicht von allein aufsuchen, sie müssen ihnen zugeführt werden, und dass dies allen geschieht, erleichtert es ihnen. Aus »du musst dorthin« wird »wir alle gehen dorthin«, aus Pflicht wird Selbstverständlichkeit.

Wichtige Erfahrungen liegen aus dem *Civilian Conservation Corps* und dem *Peace Corps* in den USA und zahlreichen Freiwilligendiensten in Deutschland vor. Das erste ist unter Präsident Roosevelt gleich nach seinem Amtseintritt 1933 eingeführt worden und holte auf einmal 3 Millionen Jugendliche von der Straße. Man setzte sie zur Wiederaufforstung, gegen Bodenerosion, bei Dammbauten und anderen für das Land wichtigen, aber vom Markt nicht bedienten Aufgaben ein. Das *Peace Corps* war eine Antwort auf die Armut in der Welt – ein Teil des *Point Four Program*s von Präsident Johnson. Wieder ging es um Solidarität in Verbindung mit einem nützlichen Einsatz junger, sonst unbeschäftigter Menschen. Der praktische Effekt hat dem im Vordergrund stehenden idealistischen Motiv nicht geschadet. Als man in den siebziger Jahren *Job Corps* einrichtete nur noch mit dem Ziel, die Jugendarbeitslosigkeit mit einer elementaren Ausbildung zu bekämpfen, kam beides nicht mehr zustande, weder die Eingliederung in das Beschäftigungssystem noch der Gemeinsinn. Idealisten blieben aus – es gab keine moralische Ansteckung unter den Teilnehmern. Dem »Werkstattjahr« Nordrhein-Westfalens könnte es ähnlich gehen.

Als Gegenerfahrung zu zwölf Jahren RAD/Reichsarbeitsdienst unter den Nazis gibt es in Deutschland den Zivildienst und seit einem halben Jahrhundert die »Aktion Sühnezeichen«, dazu zwei Dutzend andere Freiwilligendienste für Jugendliche – von den großen dauerhaften wie »Die Grünhelme« bis zu kleinen vorübergehenden wie HOPE (Hilfsorganisation Perestrojka) e. V.

Die Tätigkeitsfelder, die eine von der Robert-Bosch-Stiftung ins Leben gerufene Kommission für Freiwilligendienste in Deutschland und Europa empfiehlt, sind noch konventioneller als die meinen: Umwelt, Soziales, Bildung, Sport, Kultur, zu denen (oder in denen?) sich »neue Tätigkeitsprofile« herausbilden sollen: »Umweltranger, Vorbeugung in gefährdeten U-Bahnstationen, Museums- oder Bibliotheksnavigationen, Tutorenprogramme für Kinder und Jugendliche aus anderen Kulturkreisen«. (Ausführlich werden die finanziellen und rechtlichen Fragen behandelt, die für ein Pflichtjahr freilich ganz anderes aussehen müssten; die Auskunft über die tatsächlich zu erwartenden Kosten beim Übergang von der Freiwilligkeit zur Pflicht für alle ergeben sich vermutlich erst aus dem hier vorgeschlagenen Probegang.) Gar nichts ist über die Formen gesagt, die jedoch von allergrößter Bedeutung für die erhoffte Grunderfahrung sind: »Was bin ich dem Gemeinwesen wert, das mir ein Jahr meines Lebens wert ist?«

Die Dienstpflicht ist keine »Zwangsarbeit«, kein »Notdienst« und keine »Beschäftigungstherapie«. Es geht dort der Sache angemessen karg zu. Makarenkos Gorki-Kolonie entstand aus Armut. Seine Insassen wollten ihr natürlicherweise entrinnen und erkannten, dass das möglich sei. Einen großen Teil seines pädagogischen Wunders, seiner ordnenden und aneifernden Wirkung verdankte das Kollektiv den gegebenen harten Verhältnissen, die in der Kolonie und um sie herum herrschten. Eine kunstvoll herbeigeführte Askese kann in Klöstern funktionieren, wo Enthaltsamkeit und Armut als gottgefällig gelten. Da stört der Reichtum »draußen« nicht nur nicht, er wird als das gebraucht, wovon man sich absetzt. Das galt und gilt auch für die »Kolonien« und Anstalten des Friedrich von Bodelschwingh. In der säkularisierten Welt muss die Entbehrung, die die Diensttuenden leisten, wenigstens einen Teil des Ertrags bringen: Indem wir bescheiden leben, kann es mehr Lager geben und in ihnen mehr junge Menschen, die ein Jahr lang an einem befriedigenden Gemeinschaftsleben teilnehmen – der Ausgrenzung durch Arbeitslosigkeit entrinnen.

Die ersten Arbeitsdienstlager in Deutschland kamen in den Jahren 1910 bis 1912 – in prosperierenden Zeiten – zustande als ein Versuch, den Abstand zwischen Proletariern und Bürgern zu überwinden. Eugen Rosenstock-Huessy formulierte damals: Es gehe hierbei »nicht um Arbeit als solche«, sondern um die »Vorbereitung des menschlichen Gesprächs«, um »Arbeit als Vorbedingung des Wortes«. Nur wer miteinander gearbeitet habe, könne auch wirklich miteinander singen. Rosenstock hat später großen Wert auf die Unterscheidung von Arbeitsdienst in Zeiten der Hochkonjunktur und Arbeitsdienst in Zeiten der Krise gelegt. Im ersten ging es um einen Dienst am Menschen, im zweiten um Verringerung der Arbeitslosigkeit, um eine Korrektur der Ökonomie. *Labor* ist wie *egestas*, die Kargheit, eine hilfreiche Bedingung, aber kein Mittel zur Besserung des Menschen. Dass uns immer erst der Krieg zu großen Opfern bereitmacht, fand Rosenstock freilich kränkend. Wie Kurt Hahn suchte er nach einem moralisch vertretbaren *equivalent of war*, das William James gefordert hatte. Er fand es im Dienst für den »Planeten«, auf dem die Menschheit dauerhaft, friedlich und würdig leben will; in diesen Dienst sollte »jeder junge Mensch im Laufe seines Lebens hineingerissen« werden.

Wie bei der Entschulung der Mittelstufe wird die Auswahl der geeigneten Mentoren und Mentorinnen die wichtigste Voraussetzung für den Erfolg sein. Man wird sie vornehmlich aus dem Kreis derer zu gewinnen suchen, die in einem freiwilligen Dienst die Schwierigkeiten und Chancen dieser Lebensform selbst erfahren haben. Ja, es könnte der Verwirklichung des hier gemachten Vorschlags dienlich sein, wenn man ihn als eine entschlossene Erweiterung des Freiwilligen Sozialen und Ökologischen Jahres beginnen lässt und dieses massiv fördert – unter dem Namen »Dienst am Gemeinwesen« und mit dem Ziel, diesen von allen leisten zu lassen, wenn die notwendigen Voraussetzungen geschaffen sind.

5. Ein Verständnis von Bildung, das uns falsche Alternativen erspart

Es ist eine Ur- und Erbschwäche aller Reformen im deutschen Erziehungs- und Bildungswesen, dass sie innerhalb der Institutionen vor sich gehen sollen, denen »education« obliegt. Eine fast ebenso alte und erbliche Schwäche der Reformen besteht darin, dass sie sich für *die* Heilung *des* Missstands des pädagogischen Systems ausgeben – oft ausgelöst durch eine soeben gewonnene wissenschaftliche Erkenntnis oder ein erschreckendes Ereignis, dem man nun allgemeine Geltung zuspricht. Zahlreiche durchaus wichtige Veränderungsvorschläge haben darum nur einen Bruchteil der ihnen zugedachten Wirkungen gehabt.

Diese Fehler sollen bei den hier gemachten Vorschlägen vermieden werden. Beide – die »Entschulung der Mittelstufe« und die Einführung eines »Dienstjahrs für alle« zwischen Schulabschluss und Berufsbeginn – erfüllen ihren Auftrag außerhalb des vorhandenen Institutionengerüstes; beide bringen pädagogische Prinzipien dadurch zur Geltung, dass sie auf pädagogische Gesten, gar pädagogische Gängelung verzichten; beide heben die herkömmliche Trennung von Lernen und Leben für einen begrenzten Zeitraum auf und vollziehen real, was in den bestehenden Einrichtungen nur beabsichtigt, vorbereitet und nachgestellt wird: das Hineinwachsen des Individuums in die komplexe und arbeitsteilige, auf politische

Mitbestimmung angelegte, von Wirtschaft, Wissenschaft und Technik bestimmte Welt.

Hierzu hat man im Laufe der Zeit eine Dreiteilung der Aufgaben vorgenommen: Die Familie (und vielerorts auch die Nachbarschaft) leistet die Erziehung, das heißt, sie stattet das Kind mit Sprache, einer elementaren Selbständigkeit und einer in Überzeugungen und Umgangsformen verkörperten Gesittung aus. Die Schule leistet die allgemeine Bildung, das heißt, sie vermittelt die Kulturtechniken und Kenntnisse, die zur selbstverantworteten Lebensführung in der gegebenen Kultur und zum Erlernen eines gesellschaftlichen Berufs nötig sind. Die Hochschulen und beruflichen Bildungseinrichtungen schließlich leisten die Ausbildung für den Beruf oder die Erwerbstätigkeiten, die die Gesellschaft bereithält.

Diese Dreiteilung folgt, wie fast alle anderen Vorgänge in unserer Gesellschaft, den Gesetzen der Spezialisierung der Tätigkeiten, der Professionalisierung der (mit der Anleitung beauftragten) Personen, der Abgrenzung der Zuständigkeiten, der Koppelung mit Berechtigungen.

Die These des vorliegenden Manifests ist, dass diese Gesetze zwar wirksam, aber dem gedachten Zweck in dem Maße abträglich sind, in dem wir sie vervollkommnen und ausschließlich ihnen folgen. Es wird zunehmend notwendig sein, Gegenwirkungen in das System selbst einzubeziehen.

In den drei genannten Aufgabenbereichen – Familie, Schule, Ausbildungseinrichtungen – trifft ein solches Bemühen auf unterschiedliche Schwierigkeiten. Ja, für den Aufgabenbereich Familie dürfte es fast unmöglich sein, die wünschbaren Gegenwirkungen zu »veranlassen«; sie werden vermutlich nur als Folge der Gegenwirkungen in den anderen Aufgabenbereichen zustande kommen. Darum befasst sich diese Aufzeichnung nur am Rande mit der Familie.

Jede Generation hat ihre eigenen pädagogischen Hoffnungen, ihre eigenen pädagogischen Befürchtungen. Jede Generation nimmt schon deshalb einen neuen Blick auf die Bildungseinrichtungen. Sie sollte es nicht nur eifrig, stolz, zuversichtlich oder kritisch, angestrengt, ratlos tun, sondern vor allem gründlich. In der Generation derer, die die Gedanken dieses Buches mittragen, haben die Themen, Erwartungen und Bewertungen mehrfach dramatisch gewechselt.

Legt man den seit Rousseau gültigen Auftrag der Pädagogik – die jungen Menschen in die gegebenen Verhältnisse einzuführen und sie zugleich gegenüber diesen Verhältnissen frei und so zu Erwachsenen zu machen – zugrunde, dann ist sie heute mit den folgenden Aufgaben (und eben nicht nur »Plagen«) konfrontiert:

Seit zwei Jahrhunderten vollzieht sich eine fortschreitende Rationalisierung des menschlichen Lebens. Immer komplexere technische und soziale Systeme bestimmen den Alltag unserer Gesellschaft. Die Entwicklung beschleunigt sich enorm: Wir kommen mit der Akkumulation der Mittel und der Akzeleration des Wandels nicht mehr mit. Nur mit Mühe und einer beträchtlichen Portion Selbsttäuschung erhalten wir den Eindruck aufrecht, dass wir sie durch unsere politischen Entscheidungen beherrschen und unseren Zwecken dienstbar machen.

Vollends illusorisch ist die Vorstellung, die so entstandenen, sich inzwischen weltweit ausdehnenden Systeme regulierten sich von selbst, man müsse sie nur wirklich »freisetzen«. Kein Marktgesetz, kein Sozialdarwinismus, keine Deregulierung schützen vor Armut und AIDS, Korruption und Klimakatastrophe, Flüchtlingselend und Folter, Übervölkerung und Überwachungsstaat, vor Terror und Fanatismus. Mittel müssen Mittel bleiben, das heißt Zwecken dienen. Die Zwecke setzt der Mensch und bleibt für sie verantwortlich.

Die technischen und sozialen Systeme sind in hohem Maße verletzbar. Die Erwartung, man könne diese Verletzbarkeit wiederum durch technische Mittel und soziale Organisation aufheben, hat sich nicht erfüllt. Die Menschen selbst müssen diesen gegenüber gestärkt werden und bereit sein, mehr Risiken zu tragen und ihre Abhängigkeit von den gefährlichen Mittelsystemen entschlossen zu verringern. *Hoffnung auf einen dazu nötigen Bewusstseinswandel durch Pädagogik gibt es nur, wenn sich zunächst die Pädagogik gründlich verändert,* was seinerseits einen Bewusstseinswandel voraussetzt.

Eine Chance hierzu hält der Generationenwechsel bereit. Diese Chance hat Margaret Mead vor fünfunddreißig Jahren beschrieben:

»Heute beginnen wir, den wiederkehrenden Vorgang, durch den die Kultur entfaltet und weitergegeben wird, besser zu verstehen. Wir erkennen, dass die Eigenschaft, die den Menschen am deutlichsten auszeichnet, nicht seine Fähigkeit zu lernen ist – die teilt er mit vielen anderen Geschöpfen. Es ist vielmehr seine Fähigkeit zu lehren und aufzubewahren, was andere geschaffen und ihn gelehrt haben. […] In der Vergangenheit hat sich die Menschheit auf das anspruchsloseste Mittel der Weitergabe verlassen, auf das abhängige Lernen der Kinder. […] Heute müssen wir dafür ein komplexeres und anpassungsfähigeres Mittel ausbilden: das Verhalten der Erwachsenen. […] Wir müssen uns darin üben, wie man sein Verhalten als Erwachsener ändert, […] und Formen des Lehrens und Lernens entdecken, die die Zukunft offen halten.« (Culture and Commitment, S. 92)

Mit anderen Worten: Wir müssen Vorbilder dafür sein, nicht, was man lernt, sondern dass und wie man lernt, und die Jungen nicht lehren, dass sie unseren Entscheidungen zu folgen haben, sondern dass es wichtig ist, eigene Entscheidungen zu treffen und zu verantworten.

Die Sicherung der Alten, die Entlassung der Jüngeren aus ihrer Vorsorge und ihren Vorgaben, die Übernahme von Wissen, Deutungen und Maßstäben wird von zu vielen zu oft den vorhandenen unveränderten Institutionen und Gewohnheiten überlassen. Man denkt das Verhältnis der Generationen nicht neu.

Hinzu kommt, dass große Teile Europas erst jetzt eine Herausforderung erfahren, die Nord- und Südamerika seit mehreren Generationen kennen: Diese haben sie zwar auch noch nicht bewältigt, aber ihre Geschichte zeigt ihnen, welchen Preis und wie viel Schweiß die Mischung der Kulturen, Religionen und Rassen kostet.

Die größte Quelle der Unsicherheit beschert uns die Anstrengung, die wir für die buchstäblich grund-legende halten: die Wirtschaft. Diese kennen wir fast nur noch in ihrer industriellen und damit kapitalistischen Form. Die Würde, die Autonomie, die soziale Geltung, die (oben zitierte) »Teilhabe« am Leben und an der Gestaltung der Gesellschaft werden vornehmlich, wenn nicht ausschließlich über die Funktion der Menschen im Erwerbs- und Konsumsystem definiert. Wer hier keine Hoffnung auf Erfolg hat, wird erst zum Außenseiter, dann zum Feind des Gemeinwesens, in dem er lebt und zu dem er nun nicht mehr gehört.

Die so assoziierten Probleme sind nicht prinzipiell unlösbar. Aber man wird ihrer gewiss nicht durch Maßnahmen Herr, die das System nur sichern, statt es allmählich dem Wandel zuzuführen. Das Wort »System« bezeichnet im Griechischen ein zusammengesetztes und zusammenwirkendes Gebilde. Bei dem hier gemeinten handelt es sich um die im Laufe der Zeit immer enger miteinander verknüpften rechtlichen, wirtschaftlichen, technischen und psychologischen Abhängigkeiten, die niemand als Ganzes vorhergesehen, entworfen oder auch nur gewollt hat. Die Größe und Komplexität des so entstandenen Aggregats erschweren es uns, das Ganze und seine Funktion zu überschauen. Man kann es nicht lernen, wie man »das Leben« in den Urzuständen der Gesellschaft lernen konnte. In ihnen nahm die nachwachsende Generation am Leben der Älteren teil und lernte auf diese Weise, was zu lernen war. Ein Wandel der Verhältnisse trat so selten (und dann katastrophisch) oder so langsam (und dann unmerklich) ein, dass es weder zur Abwehr noch zur Herbeiführung desselben einer besonderen Vorkehrung oder Einrichtung bedurfte. Noch die griechische Polis, eine

Kultur, auf die wir mit großem Respekt blicken, kam ohne Schule aus. Die Handwerke lernte man *by doing*; für die Deutung der Welt sorgten fahrende Sänger, die dramatischen Dichter, die nach der Arbeit auf den Straßen und Plätzen philosophierenden Männer. (Nur wer sich vor Gericht verantworten musste – also in einem Ausnahmefall des bürgerlichen Lebens –, tat gut, bei einem Lehrer der Redekunst »in die Schule« zu gehen.) Jahrtausende hindurch war der einzige Gegenstand allgemeiner Bildung die Schrift. Alles andere war Ausbildung für den Beruf: *technē*. Ein Römer höheren Standes musste schon Griechisch lernen und seinesgleichen lernte im ganzen folgenden Jahrtausend die lateinische Sprache, wenn er Zugang zu dem Wissen suchte, mit dem sein Stand lebte und herrschte. Dafür hat man Schulen erfunden – wie für das Fechten oder die Architektur oder die Priesterweisheit.

Dies ist nicht der Ort, darzulegen, wann und wie aus der Schreib- und Lateinschule eine Einrichtung zur Vorbereitung auf die geistigen Ansprüche der vermögenden und gelehrten Stände einerseits und eine Einrichtung zur Ausstattung der arbeitenden und gewerbetreibenden Bevölkerung mit den notwendigen Kulturtechniken andererseits wurde. In beiden Fällen ist sie eine Anstalt des »abhängigen Lernens«, wie es Margaret Mead genannt hat, ein Ort, an dem man lernt, was nach den Vorstellungen der Erwachsenen tradiert werden soll. Die Schule war ihrem Ursprung nach ein bewahrendes Institut und ist mit ihrer eigenen Festigung zunehmend zu einem Organ der Verfestigung geworden. Ja, indem sie ein unumgehbarer, ein unentbehrlicher, ein sich ständig erweiternder und verfeinernder Bestandteil des Systems geworden ist, betreibt sie nun nicht nur dessen Anpassung an sich selbst, sie verleiht dem System die Eigenschaft der Schule. Ivan Illich hat deshalb und in diesem Sinn mit Recht von einer »Verschulung der Gesellschaft« gesprochen (s. o. S. 33).

In diesem Buch wird die Überzeugung ausgedrückt, dass die Schule auch der Ort werden *sollte*, an dem, wie Margaret Mead es fordert und formuliert, »die Zukunft offen gehalten wird«, indem sie sich selbst anderen Lebensbereichen und Lernformen öffnet. Ob sie es werden *kann*, wird sich erst im Vollzug der vorgeschlagenen »Entschulung« erweisen. Es darf jedoch behauptet werden, dass die Schule immer schon potentiell ein Ort der Emanzipation war; dass ihre wichtigsten Gegenstände ebenso der Ablösung dienten wie der Anpassung; dass die Gärung des Jugendalters sich hier mit den kritischen und befreienden Aussagen und Verfahren verbündet hat; kurz, dass hier keine gänzlich utopische Erfindung aufgetischt wird, denn den Generationenwechsel wird es immer geben.

Die großen Reformer haben eh und je der Pädagogik (also der Anleitung der jungen Menschen zum Leben in der Gesellschaft) den Bruch mit der Tradition zugetraut:

Platon im aporetischen Gespräch des Sokrates mit der Jugend, das dem eigensinnigen Aufklärer sogar das Leben gekostet hat;

Jean-Jacques Rousseau mit dem kühnsten Gedankenexperiment, das sich mit dem Namen »Pädagogik« bekleidet hat – der Darstellung davon, wie sein Emile zu einem freien Menschen erzogen wird, der den Contrat Social eingehen kann;

John Dewey, der die gesamte »education« (Erziehung-und-Bildung) als ein notwendiges permanentes Experiment der Gesellschaft mit neuen Lebens- und Denkformen aufgrund gehabter Erfahrung verstanden wissen wollte;

die Männer und Frauen der *Jugendbewegung* – und die sich ihnen verdankende *Reformpädagogik* –, die zum offenen Ausbruch aus der Schulmeisterei und verhockten Moral der Erwachsenen aufriefen;

Friedrich Nietzsche, der seine eigene hohe Bildung und Sprache gegen das Philistertum der Bürger und Gelehrten einsetzte;

Anton S. Makarenko, der die Schule durch die Lebensgemeinschaft, durch Arbeit und Politik in der Gorki-Kolonie ersetzte;

Ivan Illich, der den jungen lateinamerikanischen Nationen den Weg in die Schulsklaverei ersparen wollte und dabei ganz selbstverständlich auf Bildung setzte: auf freie gegenseitige Wahl des Lehrmeisters und der Schüler, auf Bibliotheken und Internet, auf entinstitutionalisiertes selbständiges Forschen und Lernen;

und nicht zuletzt die große *Margaret Mead* mit ihrem Modell der »cofigurativen« Kultur, in der alle von allen lernen, und ihrer Vorhersage der »präfigurativen« Kultur, in der die Personen »vor« den erst zu gewinnenden Deutungen (»Sinnfiguren«) da sind, in der die Jungen verstanden und akzeptiert haben, dass sie von den Alten nicht lernen können, welchen Schritt sie als nächsten tun müssen, und in der die Alten wissen: »Wir haben keine Nachfahren, unsere Kinder haben keine Vorfahren mehr« (Culture and Commitment, S. 78). *Damit* müsse man zu leben lernen.

Auch diese eher Revolutionäre als Reformer haben die Schule nicht verdrängen oder auch nur zurückdrängen können. Ihnen ist allenfalls eine Beunruhigung des Systems gelungen. Dieses hat sie und ihre gefährlichen Lehren verdaut – es hat sich weder dem platonischen Auftrag gewachsen gezeigt noch dem pragmatischen Experimentieren gestellt. Nach wie vor hat sich die Schule als die eine zuständige Einrichtung behauptet, die die jungen Menschen zwischen ihrem sechsten und sechzehnten oder zwanzigsten Lebensjahr bindet, beschäftigt, belehrt, beaufsichtigt, bewahrt, beschwichtigt (»auskühlt«) und in die beruflichen und sozialen Fächer sortiert, die die Gesellschaft bereithält.

Und doch lernt die Schule von ihren radikalen Kritikern: weil es einen Generationswechsel gibt. Könnte man sie selbst zu dem Ort machen, der die geordnete Überleitung – sich selbst beobachtend, selbstbewusst und nach vernünftigem Maß – vollzieht, was keiner der genannten Anfechter ihr zugemutet oder zugetraut hat, dann gäbe es Hoffnung auf die einzige Reform, die den Namen verdient: die, die die Schule in die Lage versetzt, ihren Auftrag tatsächlich zu erfüllen, nämlich die jungen Menschen für die Verhältnisse tüchtig zu machen *und* frei, sie zu verändern.

Eine Chance hierzu wird ja vor allem durch die Tatsache eröffnet, dass in der »entschulten« Phase auch der Lehrer ein Lernender ist. Man hat eingewendet: Der deutsche Lehrer sei auf das, was ihm da zugemutet werde, nicht vorbereitet. Umgekehrt ist es richtig: Weil er nicht darauf vorbereitet ist, kann er den Schülern ein Vorbild im Standhalten, Zupacken, Sich-Wandeln, Sich-Entscheiden, Improvisieren sein – in den ja nicht nur von Margaret Mead geforderten Tugenden. Dass der Lehrer nicht gesonnen ist, diese Zumutung auf sich zu nehmen, mag zutreffen. Es ist die Hoffnung dieses Buches, dass sich bei der Lektüre etwas von der »Gesinnung« einstellt, die man dazu braucht, um sich überhaupt auf das Vorhaben einzulassen. *Alle* wird es damit sicher nicht erreichen.

Entscheidend ist, dass die Entschulung an einigen Schulen gelingt, dass Lehrer, Eltern und Schüler anderen sagen: »Wir haben da was …«, und dass das ansteckt, neugierig und bereitmacht.

Meine Berater haben in Kapitel 4 (vor allem S. 57 f.) eine Andeutung gefunden, ein Dienstjahr für alle sei möglicherweise unnötig, wenn alle Schüler in der Pubertät gemeinsam praktisch arbeiten gelernt hätten, also »entschult«. Das trifft meine Meinung nicht. Aber man darf das eine Vorhaben auf folgende Weise vom anderen abhängig machen: Wenn einem jungen Menschen in der mühsamsten Schulzeit ermutigende Erlebnisse zuteil geworden sind und wenn er die Gleichgültigkeit, den Widerwillen, das »Öden« nicht weiter kultiviert und den ganzen pädagogischen Oktroi nicht hassen gelernt hat, sondern eine Vorliebe, ja Achtung für die eine oder andere gesellschaftliche Aufgabe gewonnen, dann wird er den Dienst, den er als Erwachsener leisten soll, nicht als Zwangssozialisierung empfinden. Er und andere, denen es ebenso geht, werden die Schule nicht vorzeitig verlassen; sie werden nicht erst 15 oder 16 sein, wenn sie sich zum »Dienst« melden, sondern 17 oder 18.

Die Verschränkung des pädagogischen Gedankens mit dem politischen Vorschlag eines »Dienstes am Gemeinwesen« hat noch einen anderen guten Sinn: darin, dass die Erfüllung des Auftrags, der in dem Wort »Bildung« steckt, nicht auf die Schule und ihre Fächer und Verfahren beschränkt sein darf. Wenn er in der zuletzt noch einmal wiederholten Form gelten soll, dann kann sie ihn gar nicht allein erfüllen. »Natürlich müssen auch die Familie und – auf andere Weise – das öffentliche Leben mitwirken!« – so ist man bereit zu sagen. Aber die Erstere ist heute zu klein und s. v. v. zu »egoistisch«, um das gemeinte »Erwachsen-und-Bürger-Werden« zu leisten. Das Letztere ist dazu wiederum zu abstrakt und zu sehr »geregelt«, um in ihm »meine Verantwortung« lernen zu können. Diese ist dann entweder zu groß und also nicht erfüllbar oder in einer Vorschrift untergebracht und also nicht mehr Gegenstand meines Einsatzes.

Indem nicht allein der Schule zugemutet wird, junge Menschen in das Gemeinwesen mit seinen vielfältigen Chancen und Nöten, mit seinen harten Gesetzlichkeiten, mit seinen elementaren Gegensätzen – Reich und Arm, Dazugehörig und Ausgegrenzt, Wissend und Unwissend, Gesichert und Ausgesetzt, Wortgewandt und Handgewandt – einzuführen, indem sie vielmehr damit rechnen kann, dass jene gemeinschaftlichen und praktischen Erfahrungen im Leben jedes ihrer Absolventen folgen werden, wird sie das ihr Mögliche mit umso größerer Zuversicht und umso größerem Erfolg verrichten.

Was wird von dem Leser dieses Buches erwartet?

Er möge sich als Bürger, als Vater oder Mutter, als Lehrerin oder Lehrer für eine nur scheinbar unzeitgemäße Vorstellung von Bildung und Erziehung öffnen (1). Nicht das System und seine Einrichtungen – der Fahrplan, die Transporttechnik, die gewohnten Reisezeiten, die gebauten Bahnhöfe und Umsteigegelegenheiten – geben den Ausschlag, sondern das Ziel und die Bekömmlichkeit für den Reisenden. Pädagogik ist nicht »Abrichtung für den Zweck«, sondern Hilfe beim »Aufwachsen in Vernunft«.

Das »Ziel« ist eine sich selbst bestimmende Person *und* ein dem Gemeinwohl verantwortlicher Bürger (2). Die Bekömmlichkeit verlangt Unterschiedlichkeit der Wege, Zeiten, Orte, Verfahren und Institutionen. Die Figur des Paternosteraufzugs unseres Bildungswesens – nur die Etagennummern verändern sich! – widerspricht allem, was wir über die Entwicklung menschlicher Gaben wissen.

Beide, »Person« und »Verantwortung«, verlangen Möglichkeiten der Bewährung (3). Diese sind in der Schule nur schlecht zu simulieren, geschweige denn für jede Entwicklungsphase realistisch herzustellen. Insbesondere die Bewährung in der Gemeinschaft und für sie muss in anderen Lagen aufgesucht werden. Die Vermutung, dass die Schule ihre Schüler der *polis* eher entfremdet als zuführt, ist vielfach erhärtet worden.

Die Überprüfung der Bildungseinrichtungen durch internationale wissenschaftliche Konsortien ist heilsam. Sie ergibt, ob diese tun, was sie tun wollen, sollen und zu tun behaupten; die Unterwerfung der Lern-, Entfaltungs- und

Erfahrungsmöglichkeiten unter die Kontrollmechanismen jedoch ist unheilvoll (4).

Die im vergangenen Jahrhundert entwickelte Rücksicht auf die Individualität des Einzelnen ist ein wichtiger Fortschritt in der Pädagogik und in der allgemeinen Lebensplanung. Die Preisgabe von Bindungen und gemeinsamen Ordnungen verlangt sie nicht (5). Das sich aus diesen lösende Individuum ist eine Monade, weder Bürger noch Person.

Mit anderen Worten: Der Leser möge sich anhand der hier vorgelegten zwei Vorschläge den Auftrag der »Bildung« in seiner ganzen unbequemen Widersprüchlichkeit klar machen; er möge sich der simplen Entscheidung zwischen Freiheit und Anpassung, Individuum und Gesellschaft, Person und Bürger verweigern; er möge beide Seiten der Alternative bejahen – und sich folglich zu ungewöhnlichen Maßnahmen bereit finden, Maßnahmen, die der Ambivalenz des Auftrags gerecht werden, ohne die Institution zu zerstören oder auch nur zu überfordern. Die Vorschläge wollen den pädagogischen und bildungspolitischen Bemühungen eine andere Richtung geben, deren Richtigkeit man *an ihnen* erfahren kann.

Zur Wahrnehmung der Unbrauchbarkeit des »Entweder-oder« setze er sich der folgenden Gegenüberstellung, einem Dialog der pädagogischen »Bekenntnisse«, aus:

Erziehung ist in erster Linie eine gesellschaftliche Veranstaltung.	Erziehung ist in erster Linie eine individuelle und private Angelegenheit.

Der Mensch – jeder Mensch – ist auf Entwicklung seiner Anlagen angewiesen.

Menschen sind durch erbliche und biografische Bedingungen in einem gewissen Maß vorgeformt.

Alle kulturelle Entwicklung wird durch kulturelle Anstrengung und Absicht bestimmt.

Die Entwicklungen sind von der Evolution »gewollt« und nützlich.

Die Anlagen verlangen Anreiz, geordnete Herausforderung und Bewährung; pädagogische Einrichtungen simulieren diese oft nur unvollkommen, noch öfter verregeln oder verhindern sie sie.

Richtig! – und diese Herausforderungen werden durch Erziehung in der Familie und durch Bildung in der Schule geschaffen.

Leistung, das Bestehen einer Bewährung, das Lernen in Gemeinschaft und an »wirklichen« Aufgaben sind beglückend und – wenn man dies erfährt – motivieren zu weiteren Anstrengungen; Lernen ist in der ersten und zweiten Lebensphase (Kindheit und Jugend) lustvoll.

Leistung verlangt immer Disziplin, Anstrengung, Verzicht. Dem jungen Menschen muss die Erbringung solcher Leistung durch feste Regeln, unbeirrte Erwartung, klare Sanktionen erleichtert werden.

Die Gesellschaft ist verpflichtet, innerhalb der von ihr geschaffenen Bedingungen dafür zu sorgen, dass jedes Kind seine Möglichkeiten erkennt, entwickelt, zu nutzen lernt; sie ist nicht gehalten, alle jungen Menschen zur jeweils für

Erziehung und Bildung sind Sache der Familie. Die Gesellschaft hat die öffentliche Schule und die Schulpflicht eingerichtet, weil der wirtschaftliche Erfolg der Lebensgemeinschaft (der Nation oder der Region) vom Ausbildungsstand der Ein-

die Gesellschaft nützlichsten Funktion auszubilden.

zelnen abhängt. Die öffentliche Schule ist – in ihrer ganzen Geschichte – ein Mittel zur Förderung der Prosperität gewesen.

In dem Maß, in dem die Mittel und Mittelsysteme der Gesellschaft sich verselbständigen, wird es zur Hauptaufgabe der öffentlichen Schule, politikfähige Bürger hervorzubringen, die das System prüfen und zu kontrollieren in der Lage sind.

Bürger-Fähigkeit ist nur eine unter vielen, die in der Schule gepflegt und vorbereitet werden; einüben und einschätzen, gar »messen« lässt sie sich in den künstlichen Verhältnissen der Schule nicht. »Kenntnisse« sind hier der Statthalter der späteren Tugenden.

6. Widerstand, der aus der Fülle der Plagen und aus dem Wirrwarr der Antworten erwächst

Kennt der Autor dieser beiden Vorhaben die Wirklichkeit? Schwätzt er dem Leser nicht ohne Not eine weitere Komplikation der komplizierten Verhältnisse auf? Oder auch umgekehrt: Hat sich nicht anhand gründlicher und längst fälliger Untersuchungen gezeigt, dass wir es vornehmlich mit *einem* Problem zu tun haben: dass die Schulen nicht mehr tun, was ihre Aufgabe ist?

Auf diese Fragen antwortet »der Autor« erstens mit einer Aufzählung der Plagen, von denen das Erziehungs- und Bildungswesen heimgesucht wird und deren es sich ebenso wenig zu erwehren weiß wie Pharao und die Ägypter der ihren und zweitens mit einer Aufzählung der »geläufigen« Antworten, die man darauf gibt und die vornehmlich die Aufrechterhaltung des Systems unserer pädagogischen Einrichtungen im Sinn haben. Es sind Maßnahmen zur Rettung von Maßnahmen, nicht zur Klärung und Wiederherstellung des Auftrags. Statt ihrer bedarf es einer gedanklichen Entfernung, ja Ablösung von institutionellen Gegebenheiten, aus denen wir Denk- und Handlungszwänge haben werden lassen – es bedarf einer Neuordnung der Vorstellungen und – mit ihrer Hilfe – einer Entscheidung über die gewollte Richtung unserer Bemühungen, so dass nicht jedes auftretende Hindernis zur Umkehr auffordert und nicht jeder praktische Rückschlag die Resignation einleitet. Dies bewusst zu machen ist der Sinn dieses Kapitels. Innerhalb einer solchen weiten Perspektive können dann zwei Einzelmaßnahmen wie die in Kapitel 3 und 4 vorgeschlagenen eine stärkende, die gesamte Entwicklung vorantreibende Wirkung haben.

(a) Die Plagen des heutigen Erziehungs- und Bildungswesens

»Plagen« sind peinigende, verstörende, entmutigende Ereignisse; sie kommen meist in großer Zahl oder gestaffelt daher; sie hängen auf tückische Weise miteinander und mit früheren Segnungen zusammen; sie sind schwer einzeln zu bekämpfen und gar nicht alle zugleich.

Das hochentwickelte, gut organisierte, wissenschaftlich durchleuchtete System der Erziehungs- und Bildungseinrichtungen hat es heute mit einer Fülle von Hindernissen und Herausforderungen zu tun, auf die es nicht vorbereitet ist. Sie werden hier aufgezählt – substantivisch, in assoziativer Folge, ohne Anspruch auf Vollständigkeit –, um zu bestätigen: Mit so vielfältigen Problemen muss man es aufnehmen: und sie sind alle bekannt. Manche Probleme sind gleichsam angestammt, andere in den letzten Jahrzehnten oder Jahren erst aufgetreten und einige den pädagogischen Einrichtungen bisher nicht bewusst gewesen – man hat sie nicht mit ihnen in Verbindung gebracht:

– mangelhafte Schulleistungen – durch internationale Vergleichsuntersuchungen plötzlich messbar und sichtbar gemacht;

- ungleiche Erfolgschancen von Jugendlichen in einem Bildungs- und Ausbildungssystem, das über vierzig Jahre lang »reformiert« worden ist, ausdrücklich um dieser Ungerechtigkeit zu begegnen;
- die nachgewiesene Existenz einer erheblichen »Risikogruppe« unter den Fünfzehnjährigen – Schüler, die nicht lesen können und die sich obendrein durch Schulunlust und Abwesenheit (Schwänzen), durch eine eigene Subkultur und schrille Selbstinszenierung gegen die ihnen zugedachten pädagogischen Wohltaten resistent machen;
- ein hohes (zunehmend bekanntes) Maß an Gewaltdelikten in Schulen (und außerhalb) bis hinab ins Kindesalter; ein raffiniertes untergründiges Mobbing unter Kindern und jungen Menschen; ein gnadenloses Ranking nach Statussymbolen;
- eine abnehmende Wachsamkeit der Jugendlichen gegenüber der Ansteckung durch AIDS, den Folgen des Rauchens, des Alkohol- und Drogenkonsums;
- das von den jugendlichen Gangs selbst als »happy slapping« bezeichnete brutale Verprügeln von Passanten als Zeitvertreib;
- das Phänomen der *crash-kids*, die sich durch die Potenz der ihnen zugänglichen Mittel eine beiden Seiten schädliche Aufmerksamkeit zuziehen: Panik, Wut, Hass;
- die Verführbarkeit einer erheblichen Minderheit junger Menschen durch martiale Lebensformen – meist im Dienst von Rassismus, Fremdenfeindlichkeit, Verachtung für Minderheiten, neofaschistischen Ideen;
- die Bildung von »Parallelkulturen« unter Immigran-

ten, Widerstand gegen Integration, gegen »Entmündigung« durch die Sprache des Gastlandes, gegen den Verlust ihrer kulturellen Identität;

– ein starker Zulauf von Jugendlichen zu Sekten aller Art, ein deutlicher Hinweis auf eine »Flucht aus der Aufklärung«, auf eine metaphysische Auszehrung bei gleichzeitiger Ziel- und Haltlosigkeit, ein Nebeneinander von Fundamentalismus und moralischer Gleichgültigkeit;

– eine frühe Vereinnahmung durch das Fernsehen, seine Dramatik, seine Permanenz, seine Unverbindlichkeit – mit der Folge, dass den jungen Menschen die großen gemeinsamen Geschichten unserer Kultur vorenthalten werden;

– ein exzessiver Hang zu Computerspielen, elektronischer Berauschung, ununterbrochener Beschallung: chatten, surfen, Handy-Dauerkommunikation und *walkman* verbunden mit der zeitlichen Verdrängung von Realität – 86 Prozent der jungen Menschen über zehn Jahren gehen regelmäßig ins Internet, ein Drittel von ihnen mehr als sechs Stunden am Tag;

– eine schwer fassbare Computer-Kriminalität vom *hacking* bis zum Plagiat bei Schul- und Examensarbeiten im schönen Gewand des maschinell erstellten Computerausdrucks;

– der Mangel an physischer Arbeit und Bewegung, der zusammen mit falscher Ernährung zu Fettleibigkeit, Verkümmerung der Organe und Unglück im Kindes- und Jugendalter führt;

– eine Technikbesessenheit der einen, eine Technikphobie

der anderen, eine Mathematik-Fremdheit beider Gruppen und

- die hiermit – und noch immer mit »Rechtschreibschwäche« – begründete angebliche Ausbildungsunfähigkeit vieler Schulabsolventen;
- die Kinderarmut im doppelten Sinn des Wortes: Es werden zu wenig deutsche Kinder geboren, und zu viele von ihnen leben in Armut;
- die Überforderung der Lehrer: durch größere Klassen, längere Arbeitszeit, vermehrte Konferenzen, Schulentwicklung, Qualitätsmanagement, Fortbildung und Selbstevaluation mit der Folge, dass weniger Zeit und weniger Aufmerksamkeit für das einzelne Kind bleiben; die Lehrer bilden die Berufsgruppe mit den deutlichsten Erschöpfungsmerkmalen (burn-out); hoher Unterrichtsausfall.

Zu diesen Plagen, die als pädagogische Nöte im engeren Sinn auftreten, kommen die Rückwirkungen gesellschaftlicher und politischer Probleme auf das Aufwachsen junger Menschen und auf die Funktionen der sie betreuenden Institutionen hinzu – oft nur im Unterbewusstsein und sehr häufig in der Form irritierender Widersprüche:

- der angestrebte Rechtsanspruch auf einen Kindergartenplatz und die wohlbegründete Einführung von Ganztagsschulen führen zu einem verschleierten oder offenen Missbrauch der Schule als Bewahranstalt, während die Eltern ihrer Erwerbstätigkeit nachgehen;
- der Altersaufbau der Gesellschaft (im Jahr 2030 wird ein Drittel der deutschen Bevölkerung über 65 Jahre alt

sein) entfremdet sie den Lebensbedürfnissen und Lebensformen der Kinder und Jugendlichen;

- der Mangel an Ausbildungs- und Arbeitsplätzen verführt zur Verlängerung der Schulzeit;
- der Mangel an öffentlichen Geldern und die internationale Konkurrenz auf dem Arbeitsmarkt verführen umgekehrt zur »Straffung« der Schulzeit (zwölf Jahre statt dreizehn);
- die Perspektivlosigkeit der Schulabgänger schwächt den Lerneifer: »Wozu die Anstrengung – wir werden ja doch nicht gebraucht!«;
- eine sich der Dezentralisierung und Deregulierung verschreibende Gesellschaft verordnet der Schule zentrale Prüfungen, Wissens- und Lektürekanones und minutiös formulierte Leistungsstandards;
- in einer Gesellschaft, die den Unternehmer (entrepreneur), den Betreiber einer Ich-AG, den sich im Wettbewerb steigernden und in der Steigerung sichernden Erfolgsmenschen zum Leitbild erkoren hat, verlangen die Präambeln der Richtlinien und Bildungspläne von den Schulen, dass sie ihre Schüler zu kooperativen, rücksichtsvollen, das Gemeinwohl bedenkenden Bürgern erziehen;
- Europa wird in Brüssel und Straßburg zusammengebastelt, soll und muss aber in den Vorstellungen und Empfindungen der Menschen Fuß fassen: die Pädagogik ist gefordert und weiß nicht, wie sie's machen soll;
- Terrorismus und kämpferischer Islamismus haben einige Landesregierungen zu Gesetzen veranlasst, die Lehrerinnen das Tragen von Kopftüchern verbieten und

gleichzeitig den öffentlichen Schulen das Aufhängen von Kruzifixen in Klassenzimmern – bei Zustimmung der Eltern – erlauben;

– aus den Nachrichten – es genügen dazu die Überschriften – erfahren die jungen Menschen von dem zu hohen Energieverbrauch auf dieser Welt und von der unser aller Leben gefährdenden Luft- und Umweltverseuchung, von der Unterernährung eines großen Teils der Menschheit und von brutalen Maßnahmen zur Sicherung der »Festung« Europa – und kommen mit dem bei uns herrschenden Reichtum, unserer Verschwendung, unserer Gleichgültigkeit nicht zurecht; man müsste mehr wissen und mehr tun, »wir aber spielen Fußball« und »unsere Lehrer müssen sich um die Orthografie kümmern«.

Man hat eingewendet, diese Aufzählung sei erstens überflüssig, setze doch auch ich voraus, dass die Tatbestände bekannt seien. Sie sei zweitens kontraproduktiv, erzeuge sie doch den Eindruck, meine beiden Vorschläge seien meine Antwort auf all diese »Plagen«, sie ersetzten gleichsam die im Abschnitt (b) dieses Kapitels aufgeführten »geläufigen« Antworten der Welt. Ja, eben damit stieße ich drittens alle diejenigen vor den Kopf, die sich auf ihre Weise mit Lösungen buchstäblich »ab-plagten«, statt sie für meine Sache zu gewinnen. Was das Letztere angeht, so ist meine Erwartung umgekehrt: Die Lehrer, Erziehungswissenschaftler, Bildungs- und Sozialpolitiker sollen meine Vorschläge mit der Gewissheit lesen, dass ich ihre Probleme sehr wohl kenne und nicht einfach übergehe; sie dürfen sich eingestehen, dass sie es mit einer Hydra zu tun haben; sie wissen dann auch, dass es keinen Sinn hat, deren Häupter einzeln abschlagen zu wollen, dass auch die Kraft und das Schwert eines Herkules ihnen nicht hülfe, sondern nur ein gänzlich anderes Vorgehen – eine List. Mein Vorgehen ist nicht einmal eine solche; es besteht darin zu sagen: Spielt nicht den Herkules und hofft auch nicht auf einen solchen! Trocknet lieber den Sumpf aus, in dem die Lernäische Schlange haust. Weniger mythologisch: Sie sollen es mit einer begrenzten, angestammten und urpädagogischen Aufgabe aufnehmen und mit ihrem Können wenigstens in diesem Fall nicht am falschen System scheitern. Die Aufzählung zu streichen oder auch nur zu raffen habe ich mir nach diesen Überlegungen versagt. Sie kann gar nicht lang genug sein – es muss ein jeder seine pädagogische Not in ihr wiederfinden, und er muss sich im nächsten Abschnitt vergewissern, dass sie dort keine befriedigende Antwort findet.

(b) Die geläufigen und sich verlaufenden Antworten

Die Pädagogik besteht nicht aus der Bewältigung von Hindernissen und Vermeidung von Hinterhalten. Sie hat einen ordentlichen, bleibenden, sich immer wieder geltend machenden Auftrag: dem Kind und dem Jugendlichen das Hineinwachsen in die vorfindlichen, weitgehend vom Menschen geschaffenen Lebensverhältnisse zu ermöglichen (nicht nur zu erleichtern) *und* – es sei wiederholt – sie zugleich zu befähigen, die Verhältnisse ihrerseits zu gestalten, sie also »die Welt erfahren zu lassen, wie sie ist, ohne sie der Welt zu unterwerfen, wie sie ist«. Alle Pädagogik, die es mit den Widrigkeiten aufnimmt, die hier biblisch als »Plagen« bezeichnet worden sind, muss diesen Auftrag im Sinn behalten. Es darf ihr nie nur um die Beseitigung der ihr daraus erwachsenden Schwierigkeiten gehen.

Zur Veranschaulichung: Die Regierung des Saarlandes legt in diesem Jahr einen Gesetzesentwurf vor, der auf die »in internationalen Schulleistungstests« erwiesenen »unterdurchschnittlichen Ergebnisse deutscher Schülerinnen und Schüler« antwortet. Er sieht die Einführung der Wörter »Sicherung der Qualität« in der Wiedergabe des »Erziehungsauftrags« der Schule vor und behauptet, dies durch die Zusammenlegung von bisher einzügigen Grundschulen zu grundsätzlich zweizügigen Grundschulen zu verwirklichen. Dies führe zu einem »effektiveren Einsatz des Lehrpersonals und der von den Gemeinden und Schulträgern zu stellenden Sachmittel« und erleichtere den »Vertretungsunterricht« ebenso wie die »Möglichkeiten des schulinternen Leistungsvergleichs innerhalb einer Klassenstufe«. – Dies ist ein klassisches Beispiel für das Außerachtlassen des eigentlichen Auftrags der Schule zugunsten einer administrativen Erleichterung und der Beseitigung einer (in diesem Fall) Finanzierungsschwierigkeit. Die pädagogischen Auswirkungen der Maßnahmen werden weder erwähnt noch bedacht; es sei denn, man gibt den Leistungsvergleich innerhalb einer Klassenstufe dafür aus.

Fast alle Antworten auf die zahlreichen »Plagen« sind von dieser Art. Auch was sich als ein General-Plan ausgibt, ja vermutlich gerade solche Rezepte sehen von dem Grundauftrag der Schule ab. Der SPIEGEL wusste in einem Spezial-Heft (Nr. 3/2002), »was sich an Schule und Universität ändern muss«, nämlich alles: »Überfällig ist ein Umbau des gigantischen Bildungssystems, vom Kindergarten bis zur Universität« (S. 6). Er beschränkte sich freilich auf die Darstellung und Lösung *eines* Problems, das im Titel »Lernen zum Erfolg« gut untergebracht war: Bildung als Produktionskraft der Nation – weg von der Feelgood-Pädagogik.

Der Chef einer in dem Sinn erfolgreichen Beratungsfirma, Jürgen Kluge, hat ebenfalls *eine* Antwort (in der Lieblingsformel der gegenwärtigen Politik »aus einem Guss«): *Schluss mit der Bildungsmisere. Ein Sanierungskonzept* lautet der Titel seines Buches (2003). Die vielen Plagen sind nur eine einzige, und die heißt: Unser Wirtschaftsstandort ist in Gefahr, weil unsere Bildungseinrichtungen die »Wissensgesellschaft« verschlafen. Die Remedur: Selbstbewusstsein als Produktivkraft. Wieder ist nicht vom Auftrag der Bildungseinrichtung die Rede, sondern von der Beseitigung einer möglicherweise richtig erkannten Schwäche der Schule als Wirtschaftsfaktor.

Eine beliebige Liste von Antworten auf die erste der aufgezählten Plagen (S. 85) gibt die zwei auf fast allen Gebieten vorherrschenden Muster der Problemlösung zu erkennen: Ermittlung eines bestimmten Übels und

entweder Einführung einer neuen Maßnahme zur Rettung einer alten: Festlegung von Bildungsstandards, Kerncurricula, Lernstandserhebungen, zentrale periodische Evaluation; Früheinschulung und Umgestaltung der Eingangsphase; »accountability«: die Lehrer werden nach den Test-Leistungen ihrer Klassen beurteilt und bezahlt; die Förderung so genannter Eliteuniversitäten und Elitefakultäten bzw. ausgewählter Forschungsbereiche; Umwandlung von Halbtagsschulen in Ganztagsschulen (*); Ergänzung der Lehrerschaft durch Sozialarbeiter und Psychologen; Abschaffung der Hauptschule als erster Schritt gegen die frühe Auslese: alle Schüler werden »mitgenommen« (*); marktorientierter Wettbewerb der Schulprogramme verbunden mit gemeinsamen Standards; Vernetzung von Schulen untereinander, vor allem von solchen, die ein ähnliches Programm haben, und sowohl mit anderen kommunalen Einrichtungen wie mit der Wirtschaft; ein neues Steuerungsmodell für die Schulen – ein Maßnahmenbündel aus Eigenverantwortung der Schulen, Schulaufsicht auf regionaler Ebene, Leistungsförderung durch internen und externen Leistungsvergleich, Selbstevaluation; heterogene und multikulturelle Lerngruppen oder umgekehrt: homogene Lerngruppen und Konzentration der Ausländerkinder in bestimmten Schulen mit geeigneten Förderungsmaßnahmen – beides unter Maßgabe einer deutschen »Leitkultur«; frühe Sprachförderung und vorschulische Anregungsprogramme; Pflichtkindergarten und Spracheingangsprüfung vor der Grundschule; Kinderuniversitäten; Individualisierung des Unterrichts nach schwedischem Muster; »jedes Kind wird nach seinem Maß gefördert«, bis es die Mindesterwartungen erfüllt nach finnischem Muster; die Vermittlung von vornehmlich »anschlussfähigem Wissen« und Lernstrategien anstelle bloßer »Wissensreproduktion«, verbunden mit »vordringlicher Vermittlung guter fachlicher Grundlagen«; das Internet als Ressource und Feld selbständigen Lernens; Weiterbildungspflicht für Lehrerinnen und Lehrer und deren Entlastung durch verbesserte Unterrichtsmethoden und Lehrmittel; Didaktik als Vermittlungswissenschaft an Hochschulen; multimediale Ausbildung der Lehrerinnen und Lehrer; Einbeziehung von Eltern und Pensionären in die Schularbeit; Hochbegabtenförderung; die Einführung von Studiengebühren unter anderem zur Entlastung der Hochschule von Dauerstudenten; die Einführung von Bachelor- und Master-Abschlüssen, gemeinsame Studienstrukturen, gemeinsame Zulassungsbedingungen an europäischen Hochschulen (so genannter Bologna-Prozess);

oder Forderung eines »Gesinnungswandels«: Fördern statt Aussondern und Sitzenbleiben (*); Schaffung eines besseren Lernklimas – mehr selbständiges und mehr kooperatives Lernen; Werte-Unterricht, Beachtung ziviler Umgangsformen in der Schule, das Ende der Duldsamkeit (*); Verselbständigung der Schulen – ihre Autonomie wird durch Sponsoring im doppelten Sinn »bezahlt«; Output-Orientierung; die Wiederentdeckung der »sozialistischen Pädagogik«: der ordnenden Wirkung von Hierarchie, der disziplinierenden Wirkung physischer Arbeit (polytechnischer Unterricht), der entlastenden Wirkung kollektiver Rituale; die Ausrufung der »Wissensgesellschaft« und des »lebenslangen Lernens«.

Das Sammelsurium dieser Antworten zeigt dreierlei: (1) eine hohe Virulenz und große Vielfalt der Veränderungsbestrebungen, (2) eine beträchtliche Gegensätzlichkeit der Erwartungen und (3) das Vorherrschen von Einzelmaßnahmen zur Amelioration des Systems. Der Reform-eifer entfaltet sich an der gestörten Funktionalität; das Problembewusstsein ist, in der Sprache von Niklas Luhmann, hochgradig »selbstreferentiell«.

Nur einige der aufgeführten Antworten sind »systemisch«, verknüpfen mehrere Korrekturen miteinander – und sie werden damit Erfolg haben. Der Erfolg ist freilich auf eine einzige Merkmalsebene festgelegt: die Effizienz der Schule hinsichtlich verwertbarer Qualifikationen (marketable skills). Der in diesem Manifest verwendete umständliche Ausdruck »Erziehungs- und Bildungswesen« erinnert dagegen an die beiden Grundaufträge unserer pädagogischen Einrichtungen. Sie kommen nur in vier oder fünf der »geläufigen« Antworten wenn nicht zum Vorschein, so doch zur Geltung (ich habe sie mit einem Asterisk gekennzeichnet), sind aber auch bei diesen in Gefahr, vom Effizienz-Gebot dominiert zu werden.

Gegen Effizienz ist nichts einzuwenden. Wo sie fehlt und wo man ihr aufhelfen kann, soll man das tun. Auch haben unsere Nation und unsere Gesellschaft einen berechtigten Anspruch auf lebens- und leistungstüchtige Absolventen der von ihnen unterhaltenen Schulen. Diese Tüchtigkeit wird nicht nur im Gemeinwesen gebraucht – zur Sicherung und Förderung der gemeinsamen Lebensverhältnisse –, sie ermöglicht dem Einzelnen erst die Teilhabe an den bedeutenden gesellschaftlichen Genuss-, Gestaltungs- und Wirkungsmöglichkeiten, an den Freiheiten, Rechten und Verantwortungen und nicht zuletzt an der vernünftigen und bekömmlichen Nutzung des Wohlstands.

Freilich: Von ihnen ist in den Antworten so wenig die Rede wie von den Personen, die zu solcher Teilhabe befähigt werden sollen. Deren Bedürfnis und Möglichkeit, sich die Vorteile der Zivilisation anzueignen, ist außerordentlich unterschiedlich und durchläuft ebenso unterschiedliche Phasen. Keine Veränderung der pädagogischen Einrichtungen wird Erfolg haben, wenn sie nicht auf diese Schwierigkeit eingeht, ja, wenn sie nicht von ihr ausgeht.

Es ist wie auf vielen anderen Gebieten der Gesellschaft: Die Institutionen und Verfahren verabsolutieren sich, ihr Zweck gerät aus dem Blick. Dass man sich auch über diesen nicht einig ist, verdeckt die öffentliche Rhetorik: »Kindeswohl«, »Menschenbild«, »Bildungsauftrag«, »Erziehung zu Verantwortung, zum Bürger, zur selbständigen Persönlichkeit«. Dies gesagt, können dann die »Ausschöpfung der Investitionsangebote«, die »Neupositionierung des Gymnasiums in der europäischen Bildungslandschaft«, »die Wiedereinführung der Ziffernnoten in der Grundschule«, »das Fünf-harte-Fächer-Abitur«, eine »stärkere Berufsorientierung der Schulbildung« und immer wieder Wettbewerb gefordert und durchgesetzt werden.

Wer mit einer großen Fülle schwerer Plagen fertig werden und dazu ebenso viele Maßnahmen zu ihrer Abwehr oder Bewältigung auf sich nehmen muss, der leistet Widerstand gegen jede weitere Zumutung, auch wenn sie sein Los langfristig zu erleichtern verspricht. Er wird Vorschläge wie die hier gemachten für unausführbar erklären – für eine Utopie, der man in Zeiten wie den unseren Widerstand leisten *muss*. Widerstand gegen die »Entschulung der Mittelstufe« habe ich an der eigenen Laborschule erfahren. Ich habe mich ihm gebeugt, weil ich die Überforderung der Lehrerinnen und Lehrer unmittelbar wahrnahm. Aber es war eine Überforderung durch die Wucht der von ihnen neu zu lernenden richtigen Antworten, nicht durch das Vielerlei der falschen.

7. *Guter Rat*
in einer teuren
Angelegenheit

Im September 2005 sind acht mir nahestehende, in pädagogischen und politischen Fragen bewanderte Personen
meiner Einladung nach Schloss Neuhardenberg gefolgt,
um dort zwei ganze Tage lang ein ihnen zugesandtes damals so genanntes »pädagogisches Manifest« auf Ver-
ständlichkeit, sachliche Richtigkeit und politische Taug-
lichkeit zu prüfen, es zu ergänzen, zurechtzuschütteln –
oder als unbrauchbar abzulehnen. Der Text lag in einer
Langfassung von 62 und einer Kurzfassung von 31 Seiten
vor. Die erste enthielt neben den Grundgedanken histo-
rische Beispiele und theoretische Klärungen, die dem
Fachmann die Einordnung erleichtern; die Kurzfassung
begnügte sich mit der Absichtserklärung und dem Hand-
lungsentwurf, wandte sich an jedermann und sollte in
einer Zeitung oder Zeitschrift erscheinen. Die Berater waren gebeten, sich in erster Linie »zur Sache«, dann aber
auch zur Form und damit verbunden zu den Wirkungs-
chancen des Textes zu äußern.

Sie kamen aus ganz verschiedenen Erfahrungsbe-
reichen und Denkformen – und das war so beabsichtigt:
Gerold Becker sollte das zu Gehör bringen, was man in
Landerziehungsheimen über das Verhältnis von Leben und
Lernen weiß, Hildegard Bussmann die Chancen der me-

dialen Verbreitung meines Vorschlags, Erhard Eppler die
Erfahrung des Politikers mit anstößigen und kostspieligen
Neuerungen, Annemarie von der Groeben die Vorstellun-
gen und Einstellungen, die in der Sekundarstufe unserer
Schulen herrschen, Ludwig Huber die der Tertiärstufe,
Cornelia von Ilsemann die der Kultusverwaltung, Sten
Nadolny die Wahrnehmungen und Einfälle eines unge-
bundenen Geistes, Ingo Richter die Gesetzeslage und die
Erkenntnisse des Deutschen Jugendinstituts. Andreas Flit-
ner, Ludwig von Friedeburg, Wolfgang Harder und Wolf
Lepenies waren an der Teilnahme verhindert, haben sich
jedoch schriftlich geäußert. Ihrer aller Kritik und Ergänzung habe ich in solche aufgeteilt, die mühelos in mein
Konzept integrierbar waren, in solche, die ich nicht un-
kommentiert lassen wollte, und in solche, die ich meinte
übergehen zu dürfen. Den beiden Vorschlägen wurde
unterschiedlicher Zuspruch zuteil – der Entschulung der
Mittelstufe mehr von den schulfernen Beratern, dem
Dienstjahr nach dem Schulabschluss oder richtiger »vor
Berufsantritt« mehr von den Schulleuten. Die Argumente
werden in den Kapiteln 3 und 4 beim jeweiligen Projekt
im Text erörtert. Eine Ablehnung hat weder die Kurzfassung noch die Langfassung erfahren, wohl aber – neben
Zustimmung – einige Dämpfer. Diese haben mich zunächst entmutigt, dann jedoch auch wieder herausge-
fordert. Die Öffentlichkeit wird sie mir ohnedies erneut
erteilen! Mein Ansinnen *muss* vielen ein Ärgernis sein. Es
wäre überflüssig, wenn die Mehrheit schon so dächte wie
ich. Meinen Freunden kann ich sagen: »Ich habe nieman-
dem einen Rosengarten versprochen.« Ich kann ihnen

auch versichern: »Eure Fragen und Einsprüche haben beide Vorhaben realistischer gemacht.« Es kann freilich sein, dass sie dadurch an Deutlichkeit verloren haben.

Ob es nach dieser erweiterten und veränderten Fassung noch einen Text geben wird, der die ursprüngliche Bezeichnung »Pädagogisches Manifest« verdient, ist noch ungewiss. Es dürfte eine Zeitungsseite, also fünfzehn Schreibmaschinenseiten, nicht überschreiten, und ob ein noch so ungewohnter Vorschlag und ein schon so umstrittener auf so engem Raum so dargestellt werden können, dass sich nicht schon wohlwollende Leser in Zweifeln und Einsprüchen verlieren, bevor sie ihn verstanden haben, ist nach meinen Erfahrungen in Neuhardenberg unwahrscheinlich. Zu wünschen ist ein solcher Text – kantig, kurz, kontrovers. Auch der Anspruch, der in dem Wort »Manifest« steckt, sagt mir zu, weil er mir als Ansporn dient. Ob ein Text von solcher Grundsätzlichkeit die Vermeidung des persönlichen Einstands (also des Wörtchens »ich«) und damit die Beteiligung anderer zulässt, bleibt abzuwarten.

Ein Berater hat gefehlt: aus der Ökonomie. Er hätte mir/uns vermutlich klar gemacht, dass beide Vorhaben an der Armut und Schwäche des Gemeinwesens scheitern müssen, zu dessen Stärkung, ja Rettung sie gedacht sind.

Ich hätte mich ihm gebeugt, ihm aber nicht geglaubt. Es muss doch eine Ökonomie geben, die den großen Reichtum, den wir nach wie vor haben, besser – nämlich auch für gut begründete Gemeinschaftszwecke – zu nutzen weiß. Diese würde das Heil nicht nur in ständigem Wachstum suchen und darunter eine sich stetig steigernde Nachfrage nach Gütern, Bequemlichkeiten und Ablenkungen verstehen, die unsere technisierte Produktivität mühelos bedient – nach Gütern, die wir nicht ernstlich brauchen, Bequemlichkeiten, die uns untauglich machen, Ablenkungen, die uns um die wirklichen Befriedigungen betrügen. Sie müsste im Gegenteil das wörtlich »besinnungslose« Wachstum drosseln und unsere Energie in besonnene Auf- und Ausgaben lenken.

Die »bessere Bildung«, die der Staat uns einer eingangs zitierten Zeitungsüberschrift (S. 7) zufolge schuldet, müsste das Wissen, die Künste, die Kühnheit einer solchen Ökonomie einschließen.

Einstweilen bescheiden wir uns mit der Erkenntnis, dass »bessere Bildung« nicht nur heißen muss, was die OECD vorschreibt und ermitteln kann. Wenn sehr viele Absolventen unserer Schulen nicht lesen und nur unsicher schreiben können, wenn sie Schwierigkeiten haben, elementare Erkenntnismittel zu benutzen – die Zahlensysteme, die tabellarische und grafische Veranschaulichung von Verhältnissen, die Computer, die Nachschlagewerke; wenn ihnen grundlegende Tatbestände der Naturwissenschaften unbekannt sind; wenn sie in der *lingua franca* unserer Zeit nicht mitreden können, dann ist ihre Bildung unzweifelhaft nicht gut genug. An der Beseitigung dieser Schwäche wird gearbeitet. Wie jedoch arbeitet man an der Beseitigung von Mängeln, die nicht mit der gleichen Deutlichkeit und Einmütigkeit erkannt, geschweige denn durch empirische Untersuchungen belegt sind? Wenn es zum Beispiel an Zuversicht und Selbstvertrauen fehlt, an Gemeinsinn und Verantwortungsgefühl, an Verlässlichkeit und Ausdauer, an physischer Belastbarkeit und psychischer Selbstkontrolle, an Toleranz für andere Lebensformen und Rücksicht auf Schwächere, an praktischem Geschick und nicht zuletzt an der wichtigen Wahrnehmung, nützlich sein zu können, ja, gebraucht zu werden?

Vollends: Wie kommt man der Vermutung bei, dass die Maßnahmen zur Behebung der ins Auge gefassten »schulischen« Schwächen etwas mit den aus dem Blick geratenen anderen zu tun haben? Was macht man mit dem naheliegenden Verdacht: Weil man auf diese Schwächen nicht achte, komme es zu den anderen, werde man zumindest der anderen nicht Herr?

Wem vor diesen Fragen bangt, wer lieber zügig die festgestellten »Defizite« ausräumt, dem kann man das nicht ernstlich verübeln, haben wir doch in unserer Gesellschaft kaum Erfahrungen mit Alternativen. Zwar erkennen viele Menschen die hier anfallende pädagogische Aufgabe, die auch nur pädagogisch gelöst werden kann, jedenfalls nicht organisatorisch: durch Einführung neuer Fächer (Informatik, Arbeitslehre, Werk- und Projekt-Unterricht, Gemeinschaftskunde, Ethik), durch Ausweitung des Schultags, durch Einschleusen von Sozialpädagogen. Die geforderte Pädagogik aber findet weder den nötigen Spielraum, noch wird ihr die richtige Aufgabe gestellt. Auf gute Umgangsformen achten sollte man immer; wer sich jetzt erst darauf besinnt, hat viel nachzuholen; der Weckung und Stärkung des sozialen Gewissens und der Einübung in bürgerschaftliche Verantwortung sind größere Anstrengungen und also Veränderungen der Lebens- und Lernformen geschuldet. Schon gar nichts dürfte die allabend-

liche Ausstrahlung des Satzes »Du bist Deutschland« bewirken. Wen glauben die »Prominenten«, die ihn im
Fernsehen leuchtenden Auges vortragen, damit wozu zu
veranlassen? – Keine der erhofften Wandlungen ist mit
Appellen zu erreichen, sei es energisch zu einem »Ruck«,
sei es sanft zu Stolz, Würde und Selbstbewusstsein. Und
kein Versäumnis, schon gar kein eingetretener Schade ist
durch eilige Beschlüsse zu »wirksamen Maßnahmen« zu
beseitigen. Es bedarf hierzu geduldiger Arbeit an langfris-
tigen Lösungen und einer klaren Überzeugung von der
Aufgabe.

Vor 35 Jahren schrieb ich im Vorwort zu einem meiner
Bücher[*], es solle die Aufmerksamkeit der erkenntnis- und
veränderungsmutigen Öffentlichkeit darauf lenken,

– dass es eine Art von naiver Schulreform gibt, die die
  notwendige Wandlung der Erziehung verhindert,
– dass man den Sinn von Schule und das Ziel von Schulreform eher wiedererkennen und wiederherstellen
  kann, wenn man ernsthaft Alternativen zur Schule auf-
  stellt, durchdenkt und durchspielt,
– dass in der Tat ein großer Teil der Lernprozesse nur
  deshalb in der Schule stattfindet, weil sie die Gesellschaft in ihren anderen Tätigkeiten stören und weil
  man mit Hilfe der Schule die Einstellungen und Vorstellungen, die Art und das Maß der Leistungen der
  nächsten Generation kontrollieren und regeln kann,
– dass ein anderer großer Teil des Lernens in der Schule
  nur der Wichtigkeit der Schule gilt,

* Cuernavaca oder: Alternativen zur Schule?, Stuttgart 1971 (Ernst Klett)

– dass Schule also einen Teil ihrer Aufgaben an die gesellschaftliche Umwelt zurückgeben kann und sollte, um
ihr damit das Alibi für ihre zunehmende Erziehungs-
widrigkeit zu nehmen.

Die Anlässe zu solchen Gedanken sind nicht aus der Welt
verschwunden oder auch nur weniger dringlich geworden,
im Gegenteil. Die Überzeugung, dass wir andere Wege gehen müssen, hat sich bei vielen verstärkt. Die Arbeit an den
richtigen »Antworten« hingegen war nicht geduldig genug. Nehmen wir sie wieder auf!

*

Meinen Beratern sei am Ende dieses neuen Anlaufs für
ihren nützlichen Dienst an der gemeinsamen Sache ge-
dankt.

Lesehinweise

Ariès, Philippe: Geschichte der Kindheit, München 1975 (Hanser)

Becker, Gerold, *Kunze*, Arnulf, *Riegel*, Enja, *Weber*, Hajo: Die Helene-Lange-Schule Wiesbaden/DAS ANDERE LERNEN, Entwurf und Wirklichkeit, Hamburg 1997 (Helbig)

Bernfeld, Siegfried: Sisyphos oder Die Grenzen der Erziehung, Frankfurt a. M. 1967 (Suhrkamp/Theorie)

Bielefeld Initiativgruppe: TABULA/Bürgerinitiative für Bildung, Eine Projektskizze, zu beziehen über Internet: annemarie.groeben@t-online.de

Dennison, George: Lernen und Freiheit, Aus der Praxis der First Street School, Frankfurt a. M. 1971 (März)

Dewey, John: The School and Society, Chicago 1963, revised edition (University of Chicago Press); first edition 1899

Dewey, John, *Kilpatrick*, William Heard: Der Projekt-Plan, Grundlegung und Praxis, Weimar 1935 (Hermann Böhlau)

Hahn, Kurt: Erziehung zur Verantwortung, Stuttgart o. J. (Ernst Klett)

von Hentig, Hartmut: Rousseau oder Die wohlgeordnete Freiheit, München 2003 (C. H. Beck); hierin die Stufung des Erziehungsprozesses S. 53 bis 70

ders.: Cuernavaca oder: Alternativen zur Schule?, Stuttgart/München 1971 (Klett/Kösel)

JugendKulturService: Besondere Lernorte in und um Berlin, Sonderheft jugendkulturinfo; zu beziehen beim JugendKulturService, Obentrautstraße 55, 10963 Berlin

Illich, Ivan: Entschulung der Gesellschaft, München 1972 (Kösel)

Hermann Lietz-Schule Spiekeroog, Hartwig Henke (Hg.): High Seas High School/Dokumentation einer Fahrt 1993/94, zu beziehen über Hermann Lietz-Schule, Hellerpad, 26474 Spiekeroog

Kluge, Jürgen: Schluss mit der Bildungsmisere. Ein Sanierungskonzept, Frankfurt a. M. 2003 (Campus)

Makarenko, Anton S.: Der Weg ins Leben/Ein pädagogisches Poem, Berlin 1954 (Aufbau-Verlag)

ders.: Flaggen auf den Türmen, Berlin 1961 (Aufbau-Verlag)

Mead, Margaret: Culture and Commitment. A Study of the Generation Gap, New York 1970 (Doubleday); deutsch: Konflikt der Generationen. Jugend ohne Vorbild, Freiburg 1971 (Walter)

Ministerium für Bildung, Jugend und Sport des Landes Brandenburg (Hg.): Lernen in Schule und Betrieb – ein innovatives Modell für die Sekundarstufe I? Ergebnisse der externen Evaluation eines Modellprojekts, Schulforschung in Brandenburg, Heft 5, Potsdam 2003, zu beziehen über Ministerium für Bildung, Jugend und Sport, Presse- und Öffentlichkeitsarbeit, Steinstr. 104–106, 14480 Potsdam

Parkhurst, Helen: Education on the Dalton Plan, New York 1922 (Dutton)

Riegel, Enja: Schule kann gelingen. Wie unsere Kinder wirklich fürs Leben lernen, Frankfurt a. M. 2004 (S. Fischer)

Robert-Bosch-Stiftung: Jugend erneuert Gemeinschaft/Manifest für Freiwilligendienste in Deutschland und Europa, Manuskript (ohne Datum); bei der Robert-Bosch-Stiftung zu beziehen

Rosenstock-Huessy, Eugen: Dienst auf dem Planeten/Kurzweil und Langweile im Dritten Jahrtausend, Stuttgart, Berlin, Köln, Mainz 1965 (Kohlhammer); dieses Buch enthält am Ende eine vier Seiten lange Liste von international existierenden Organisationen für Freiwillige Arbeitseinsätze

Schindler-Rainman, Eva, *Lippitt*, Ronald: The Volunteer Community, creative use of human resources, Washington, D. C. 1971 (NTL Learning Resources)

Spranger, Eduard: Der geborene Erzieher, Heidelberg 1958 (Quelle & Meyer)

Vereinigung Deutscher Landerziehungsheime (Hg.): Ganztagsschulen und mehr: Landerziehungsheime; Dokumentation einer Tagung in Jena vom 4. bis 6.11.2004. Zu beziehen über Vereinigung Deutscher Landerziehungsheime, Libanonstr. 3, 70184 Stuttgart

»Einzigartig sind Lebensweg und Pädagogik von Hartmut von Hentig.«

Richard von Weizsäcker

Hartmut von Hentig, Pädagoge und Weltenbüger, legt den ersten Teil seiner Erinnerungen vor. Er beginnt mit Kindheit und Jugend in einer hochgebildeten, kosmopolitischen Diplomatenfamilie zwischen San Francisco, Berlin und Bogotá. Nach Krieg und Gefangenschaft folgen entscheidene Studienjahre in Chicago. Dort lernt er völlig neue Ideen von Demokratie und Bildung kennen, die seine ganze Arbeit prägen werden. Mit diesem wunderbar erzählenden Buch nimmt der Leser teil am bewegenden Leben Hartmut von Hentigs.

416 Seiten. Gebunden

www.hanser.de
HANSER

Welche Bildung brauchen wir?

Hartmut von Hentig

Bildung

Ein Essay

BELTZ
Taschenbuch

Die Schule erreicht ihre Ziele nicht, die Schule erreicht ihre Schüler nicht. Auf diese Krise werden derzeit vor allem zwei Antworten gegeben: Entweder man müsse die Schule von allem entlasten, was nicht Unterricht ist und so ihre Leistungskraft steigern oder man müsse Schule in einen Lebens- und Erfahrungsraum umwandeln, in dem Pädagogik überhaupt erst möglich ist. Hartmut von Hentig beschreibt in diesem Buch, dass beide Lösungen in die Irre führen werden, wenn man sich keine genaue Darstellung von dem gemacht hat, was Bildung sein und leisten soll. Die eine Schule ist in Gefahr, eine Einrichtung zur Anpassung der Schüler an die gesellschaftlichen Entwicklungen zu werden. Die andere Schule ist in Gefahr, ihre Aufgabe mit Sozialpädagogik zu verwechseln. Aus beiden werden keine Menschen hervorgehen, die sich zutrauen, die Verhältnisse zu beurteilen und zu verändern.

»Ein gutes Buch, weil es gut tut. Weil es ehrlich ist und radikal. Und weil es Mut macht.«

Deutsche Lehrerzeitung

Hartmut von Hentig
Bildung
Ein Essay
Beltz Taschenbuch 158, 208 Seiten
ISBN 978-3-407-22158-2

BELTZ
Taschenbuch

»Ein modernes Hausbuch der Reformpädagogik«

Frankfurter Rundschau

Hartmut von Hentig

Die Schule neu denken

Eine Übung in pädagogischer Vernunft

BELTZ
Taschenbuch

Die Schule von heute ist weit davon entfernt, Lebens- und Erfahrungsraum für lernende und sich bewährende Kinder zu sein.

Sie entlässt junge Menschen manchmal kenntnisreich, aber in jedem Fall erfahrungsarm, erwartungsvoll, aber orientierungslos, ungebunden, aber auch unselbstständig und einen erschreckend hohen Anteil unter ihnen ohne jegliche Beziehung zum Gemeinwesen. Mit der Schärfung des Bewusstseins hiervon beginnt das Buch und leitet den Leser sodann in der jetzt notwendigen Anstrengung der Phantasie an. Der Autor führt Beispiele gelungener Wandlungen vor und zeigt schließlich Übergänge, wie man von hier nach da kommt.

In einem neuen, für die Taschenbuchausgabe verfassten Vorwort von 48 Seiten setzt sich Hartmut von Hentig zum ersten Mal ausführlich mit den Pisa-Studien, ihren Ergebnissen und vermeintlichen Folgen für die Schulen in Deutschland auseinander.

Hartmut von Hentig
Die Schule neu denken
Eine Übung in pädagogischer Vernunft.
Beltz Taschenbuch 119, XLVIII, 288 Seiten
ISBN 978-3-407-22119-3

BELTZ
Taschenbuch